Amalfiküste
und Golf von Neapel

Carola Käther

MERIAN-TopTen

Höhepunkte, die Sie unbedingt sehen sollten.

 Piazza Bellini
Einer der angenehmsten Treff-punkte mit Cafés und aus-gefallenen Lokalen (→ S. 41).

 Museo Archeologico Nazionale
Im Archäologischen Museum von Neapel werden die schöns-ten Schätze aus Pompeji prä-sentiert (→ S. 42).

 Cuma
An der Ausgrabungsstätte mit der Orakelgrotte der Sibylle spürt man noch etwas von der einstigen Atmosphäre der Kultstätte (→ S. 45).

 Villa dei Misteri
Geheimnisvolle Fresken in der besterhaltenen Villa Pompejis vermitteln einen Eindruck vom Lebensstil der Stadt (→ S. 54).

 Vesuv
Der einzige noch tätige Vulkan auf dem europäischen Festland: Das Panorama vom Kra-terrand ist grandios (→ S. 58).

 Villa Rufolo
Konzerte in der berühmten Villa – einmaliger Musik- und Landschaftsgenuss unter freiem Himmel (→ S. 66).

 Grotta Azzurra
Trotz der touristischen Ver-marktung ist der Zauber des blauen Grottenwassers ungebrochen (→ S. 75).

 Giardini di Poseidon
Am Ende der Bucht von Citara liegt der schönste Thermal-garten von Ischia (→ S. 82).

 Abbazia di San Michele Arcangelo
Die Kirche auf Procida hat eine reiche Innenausstattung. Prunkstück: die Kassetten-decke (→ S. 86).

 Paestum
Einzigartige Malerei aus der griechischen Klassik: »Das Grab des Tauchers« im Muse-um von Paestum (→ S. 92).

MERIAN-Tipps ⋯→
finden Sie auf Seite 128

Inhalt

Erläuterung der Symbole

 Für Familien mit Kindern besonders geeignet

 Diese Unterkünfte haben behindertengerechte Zimmer

 In diesen Unterkünften sind Hunde erlaubt

CREDIT *Alle Kreditkarten werden akzeptiert*

⬜ *Keine Kreditkarten werden akzeptiert*

Preise für Übernachtungen im Doppelzimmer mit Frühstück

●●●● ab 260 €   ●● ab 90 €
●●● ab 130 €   ● bis 90 €

Preise pro Person im Restaurant ohne Getränke

●●●● ab 80 €   ●● ab 20 €
●●● ab 40 €   ● bis 20 €

Mit Straßenkarte

Eine Region stellt sich vor

Ein Panorama, das schon Goethe zum Schwärmen brachte: der unvergleichliche Blick auf den Golf von Neapel mit der Stadt (→ S. 37) und dem Vesuv (→ S. 58).

Die schillernde Großstadt Neapel, einzigartige archäologische Ausgrabungsstätten und die reizvolle Vielfalt der Natur: Seit Jahrhunderten fasziniert diese Gegend ihre Besucher.

Der erste Eindruck ist überwältigend: Weit ausladend, gleichsam von Horizont zu Horizont reichend, präsentiert sich der symmetrische Schwung des Golfs von Neapel. Entlang der Bucht erstreckt sich ein schier endloses, eng ineinander verschachteltes Häusermeer. Dieses Mosaik aus Ockerfarben und pompejanischem Rot sprenkeln einige wenige grüne Tupfer, unterbrochen von den Kuppeln und Türmen der zahllosen Kirchen. Überragt wird das Szenario vom schlafenden und dennoch gefährlich unberechenbaren **Vesuv**. So weit das Auge reicht, schweift der Blick über türkisfarbenes Meer, an dessen Horizont sich die drei vorgelagerten Golfinseln **Ischia**, **Capri**, **Procida** und die **Sorrentiner Steilküste** abzeichnen.

Die Römer gaben der Region den Namen **Campania Felix**. Mit dem

Im Reich der Sinne

»glücklichen Kampanien« verbanden sie das Bild eines fruchtbaren, üppigen Gartens und eines Reichs der Sinne und des Genusses. Auch heute noch lassen die landschaftliche Schönheit der Inseln und der Küste von **Sorrento** und **Amalfi** den Aufenthalt zu einem Naturerlebnis ganz besonderer Art werden. Denn hier wird man von einer unüberschaubaren Formen- und Farbenvielfalt empfangen. Man kann sich ungestört dem Geräusch der Wellen an steilen Klippen hingeben, in heißen Thermen baden und den Blick über purpurfarbene Bougainvilleen, leuchtend gelbe Zitronenbäume und silbergrün schimmernde Olivenhaine wandern lassen. Duftende Wildblumen und aromatische Macchiagewächse lassen einen den städtischen Alltag vergessen.

Einem anderen Reich der Sinne begegnet der Besucher in der Stadt **Neapel**. Im 17. Jahrhundert stellte sie eine bedeutende Etappe der »grand tour« europäischer Adliger dar, auf deren Spuren auch **Goethe** als Kulturreisender des 18. Jahrhunderts der Stadt und ihrer Umgebung die Ehre erwies.

Die fruchtbare und üppige Natur im »glücklichen Kampanien« hat manchmal fast den Charakter eines impressionistischen Gemäldes.

Der Orient lässt grüßen mit Farben und Gerüchen, und die engen Gassen, das laute Rufen der Straßenhändler, die frechen Blicke der Gassenjungen und das quirlige Straßenleben beeindrucken oder erschrecken den Fremden heute genauso wie damals. Assoziationen von Chaos und Regellosigkeit, aber gleichzeitig auch von Lebendigkeit und Lebensfreude muss Neapel seit jeher ausgelöst haben. Schon vor 300 Jahren war die Stadt eine dicht bevölkerte Metropole.

ser genutzt werden. Für den ehemaligen Industriestandort **Bagnoli** ist ein einzigartiges Touristikprojekt mit Yachthafen, Strand und Parkanlagen geplant, das noch durch ein Wissenschafts- und Kongresszentrum erweitert werden soll. Durch diese Maßnahmen erhoffen sich die ökonomisch benachteiligten Orte am Golf einen Anschluss an den Wohlstand, den der Tourismus schon nach Capri, Ischia, Sorrento und an die amalfitanische Küste gebracht hat.

Kultur und Tourismus als Hoffnungsträger

Jahrzehntelang wurde Neapel aufgrund seiner Kleinkriminalität, des hohen Verkehrsaufkommens und des Mangels an touristischer Infrastruktur von den Golfbesuchern gemieden. Heute versucht die Stadt durch Pflege und Instandsetzung der Kulturdenkmäler ihr Image als europäische Metropole wieder aufzufrischen und so die Touristen in die Stadt zurückzuholen. Mit Erfolg: Die Besucherzahlen steigen, und der Tourismus erlebt den lang ersehnten Aufschwung. Die Kulturdenkmäler Neapels stehen jetzt unter dem Schutz der UNESCO. Ungelöst bleiben jedoch die großen Probleme der Stadt, Kriminalität und Arbeitslosigkeit. Seit dem Treffen der G 7, der führenden Wirtschaftsnationen, im Jahr 1994 versucht man jedoch, auch diesen Problemen von offizieller Seite verschärft entgegenzutreten. Neue Fußgängerzonen und mehr Straßenpolizei sind erste konkrete Maßnahmen. Die Hauptstraße der Altstadt »Spaccanapoli« ist größtenteils für den Verkehr gesperrt, und ihre beiden Endpunkte Piazza del Gesù und die Via Duomo sind durch regelmäßig verkehrende kleine Elektrobusse verbunden.

Wirtschaftlich soll das landschaftliche und kulturelle Potenzial von Stadt und Umland in Zukunft bes-

Jeder vierte Einwohner Neapels ist arbeitslos. Eine Tatsache, die Schwarz-, Doppel-, Heim- und Kinderarbeit begünstigt. Die Schattenarbeitswelt ist groß, und viele Menschen erarbeiten sich ihren Lebensunterhalt durch Notlösungen. Daher sind die Neapolitaner auch für die Kunst des »arrangiarsi« berühmt, was so viel wie das notwendige und erfolgreiche Sich-Anpassen an die

Die Kunst des Überlebens

gegebenen Lebensbedingungen bedeutet. Mit Schmuggel und Drogenhandel, aber auch mit Improvisation versucht mancher im überbevölkerten Neapel, sich aus dem Elend zu retten. Dabei sind der Fantasie keine Grenzen gesetzt.

So beschäftigt noch heute jede Bar und jedes noch so kleine Lebensmittelgeschäft einen Laufjungen, der die telefonisch bestellten Waren bis in die Wohnung bringt – eine Art »Arbeitsbeschaffungsmaßnahme« für Schulabgänger. Fehlt der Fahrstuhl im Haus, wird vom Balkon aus die traditionelle »paniere«, ein geflochtener Korb, auf die Straße hinuntergelassen, um damit die Ware nach oben zu befördern. Es gibt Straßenhändler, die so genannten »ambulatori«, die mit ihren traditionellen Karren Zitroneneis, Mandeln oder Kastanien verkaufen, und auch die fliegenden Händler, die mit ihren Autos durch die engen Gassen fahren und ihre Ware übers Megafon feilbieten.

Unabhängig von seiner gesellschaftlichen Stellung kann in Neapel ausnahmslos jeder zum Hauptdarsteller werden, wenn er sich nur wichtig genug nimmt. Mit bürgerlich-demokratischen Ansprüchen und Forderungen erreicht man hier rein gar nichts. »Pazienza« – Geduld lautet das Zauberwort. Früher oder später werden sich die Dinge schon richten. Den Tag genießen, heißt das Motto. Wer sich ärgert, hat selber Schuld: Besser ist es, seine Wut herauszulassen, zu lamentieren oder zu diskutieren. Das Leben ist kurz genug. Die Allgegenwärtigkeit des Vulkans über der Stadt macht die Vergänglichkeit menschlichen Schaffens deutlicher als an anderen Orten. Der Vesuv zerstörte mit einem verheerenden Ausbruch im Jahr 79 n. Chr. kulturell und wirtschaftlich blühende Städte in nur wenigen Stunden und konservierte sie unter seiner Lava für Jahrtausende, bis sie dann im 18. Jahrhundert zufällig wieder entdeckt wurden. Heute gehören die Ausgrabungsstätten zu den Hauptattraktionen der Region.

Östlich von Neapel, in **Pompeji** und **Ercolano**, wird dem geschichtlich interessierten Besucher das Altertum mit seinen städtebaulichen Struktu-

Freilichtmuseum der Antike

ren und seinem Alltagsleben zugänglich. Zirka drei Millionen Besucher aus aller Welt wandelten 2003 auf den Spuren der antiken Welt durch die faszinierende Ruinenstadt Pompeji. Die weniger bekannten archäologischen Stätten, wie die weitläufige Luxusanlage der **Villa Oplontis** in **Torre Annunziata** und die römischen Villen in **Castellammare di Stabia**, kann man fast für sich allein entdecken. Nur wenige Hinweisschilder führen

den Ortsunkundigen zu diesen großartigen Denkmälern der Antike. Errichtet in einer ehemals arkadischen Gegend, stehen die Zeugnisse einer glanzvollen Vergangenheit heute inmitten einer modernen, allzu willkürlich entstandenen Baulandschaft. Die herrlichen Sommerresidenzen des neapolitanischen Adels – architektonische Meisterwerke aus dem 18. Jahrhundert – sind heute meist von mehrstöckigen, gesichtslosen Palazzi umgeben. Einige dieser Prachtbauten, wie zum Beispiel die vom berühmten Architekten Vanvitelli errichtete Villa Campolieto mit ihrem herrlichen Portikus und den prachtvollen Innenräumen oder die nicht weit davon entfernte Villa Ruggiero, sind vollständig restauriert worden. Die Besichtigung dieser Villen ist bei einem Besuch in Ercolano unbedingt zu empfehlen.

Phlegräische Felder

Westlich von Neapel befinden sich zwischen Pozzuoli und Cuma die Campi Flegrei, die **Phlegräischen Felder**, eine vulkanische Gegend, zu der auch die Inseln **Ischia** und **Procida** im Golf von Neapel zählen. Hier bekommt man eine Ahnung von der Urkraft dieser Gegend, deren Boden sich in unregelmäßigen Abständen hebt und senkt. In der Wissenschaft wird dieses landschaftlich-geologische Phänomen als **Bradisismus** bezeichnet. Ursache dafür ist ein Magmaherd, eine glutflüssige Masse im Erdinnern, die in nur wenigen tausend Metern Tiefe unterhalb der Erdoberfläche pulsiert. Ihr Wirken beeinflusst auch alle weiteren vulkanischen Erscheinungsbilder der Gegend. Die **Fumarolen**, Schwefeldämpfe aus den Erdspalten, und der blubbernde Boden der **Solfatara**, ein flacher Vulkankrater, beeindruckten schon die Menschen der Antike. Sie machten ihn zum Handlungsort ihrer Mythenwelt.

Fast am Ziel: Der Hafen von Capri (→ S. 71) rückt langsam immer näher.

Vor Ort wird dem Besucher auch unmissverständlich klar, weshalb die Griechen in der Solfatara den Sitz des Hephaistos, des Gottes der Schmiedekunst und des Feuers, sahen. Und durch den benachbarten Kratersee **Lago d'Averno** soll einst der trojanische Held Äneas in die Unterwelt, den Hades, hinabgestiegen sein. Zwar hat sich die Küstenlandschaft im Lauf der Zeit verändert, doch ein wenig ist vom Zauber dieser Schauplätze der antiken Mythologie geblieben. Mit der geheimnisumwobenen **Grotte der Sibylle**, einer Seherin, deren Orakel die Weisheiten des Gottes Apollo verkündeten, und der einstmals tempelgekrönten **Akropolis** gehört **Cuma** zu den eindrucksvollen und malerischen antiken Stätten am Golf.

Hinter der Stadt Neapel erstreckt sich fruchtbares Schwemmland, das zum Teil als Weideland für Büffelherden und als Anbaufläche genutzt wird. Auf dem Weg zur bekanntesten touristischen Sehenswürdigkeit der Gegend, dem königlichen Schloss in **Caserta**, kommen Besucher an zahlreichen wahllos in die Naturlandschaft gesetzten Häusern vorbei, deren Gestalt und Anordnung sich jeglicher Baukontrolle entziehen. Der Schlosspark der **Reggia di Caserta**, des Versailles des Südens, ist dagegen in seiner gartenarchitektonischen Perfektion nicht zu überbieten.

Unbekanntes Hinterland

Wer über dieses berühmte Ziel hinaus die Gegend erkunden will, sollte das nicht weit davon entfernte, unberührt gebliebene Bergdorf **Caserta Vecchia** besuchen. Es ist fast nur den Einheimischen als sommerliches Ausflugsziel bekannt. In den mittelalterlichen Gassen scheint hier das Leben stehen geblieben zu sein.

Eine Exkursion zu den Überresten des in Vergessenheit geratenen Amphitheaters in **Santa Maria Capua Vetere**, dem antiken **Capua**, bedeutet einen Ausflug in die Zeit der römischen Gladiatorenkämpfe. Zwischen den Ruinen überwuchern Farne und Moose die schattigen Mauern. Staub bedeckt die ruhmvollen Namen der Vergangenheit.

Hat den Ausbruch des Vesuv von 79 n. Chr. überdauert: Darstellung von Neptun und seiner Gattin Amphitrite in der Casa del Mosaico (→ S. 56) in Ercolano.

Mit der vollkommenen Naturschönheit und Exklusivität der Insel **Capri** kann allein die **amalfitanische Küste** konkurrieren. Zu der alten Seerepublik Amalfi – heute ein beschauliches Hafenstädtchen – führt entlang des **Golfs von Salerno** eine der berühmtesten Küstenstraßen Italiens, die **Amalfitana**. Hier sind die Menschen seit Jahrhunderten eine fruchtbare Symbiose mit der Natur eingegangen. Sichtbar wird dies an Orten wie **Positano**, wo hunderte von Treppen die Häuser, die sich die Berghänge hinaufziehen, verbinden, oder **Conca dei Marini**, wo zu Zeiten der Amalfitanischen Republik die schnellsten Kriegs- und Handelsschiffe gebaut wurden. Eindrucksvolle Beispiele der landschaftlichen Schönheit bieten das kleine **Furore**, wo der einzige südeuropäische Fjord eine tiefe Schlucht zum Meer gegraben hat, oder die grün schimmernde **Grotta di Smeraldo**, einzige Konkurrentin der Blauen Grotte von Capri.

Die malerischen Küstenorte und das höher gelegene **Ravello** sind mit ihren landschaftlichen und kulturellen Höhepunkten ein Ausdruck der Superlative, für die sich ein Aufenthalt unbedingt lohnt. Für Musikliebhaber bieten sich die Sommermonate mit ihren Konzerten an. Zudem ist das Bergjuwel Ravello idealer Ausgangsort für Wanderungen.

Weitab der Küstenatmosphäre liegen in der höher gelegenen Region der **Monti Lattari** nahezu einsame Wälder, zu denen auch das Wandergebiet des **Monte Faito** gehört. Auf der Hochebene des Monte Faito sind neben 30 verschiedenen Arten von Wildorchideen jahrhundertealte Buchen zu finden. Besonders schön ist eine Wanderung im Frühjahr, wenn der Unterboden mit kleinen Alpenveilchen übersät ist. Von Castellammare di Stabia führt eine Seilbahn auf diesen Berg. Im Oktober findet hier an den ersten drei Wochenenden des

Monats eine »sacra delle castagne« statt: ein Familienvergnügen mit gutem Essen, Kunsthandwerk, Musik und Spaß für Kinder.

Gut trainierte, ausdauernde Wanderer können vom Monte Faito aus auch zu einer sehr schönen, fünf- bis achtstündigen Höhenwanderung auf die **Monti Lattari** aufbrechen, die bis nach Positano führt.

Übrigens: Die Milchprodukte der Region rund um Neapel sind von besonderer Qualität. Bereits in der Antike wurde der dortigen Milch therapeutische Wirkung zugesprochen. Vielleicht weil die grasenden Kühe die verschiedenartigsten Heilkräuter fressen – z. B. Blutkraut, Queckengras, Melisse und Kleeblätter –, die an den Hängen des Berges wachsen. Die Kühe selbst sind auch etwas Besonderes: Es handelt um eine Kreuzung dreier verschiedener Rassen, die im 19. Jahrhundert gezüchtet wurde. Als Käsespezialitäten sind vor allem der »fior di latte«, ein dem Mozzarella ähnlicher Weichkäse, der nur aus allerfrischester Kuhvollmilch hergestellt wird, der handgemachte »provolone del monaco« und der schmackhafte »scamorza« hervorzuheben. Nur für den sofortigen Verzehr geeignet sind die »caprignette« oder »palline alle erbe«, kleine, mit Kräutern umhüllte Bällchen aus Ziegenkäse.

Ganz im Süden Kampaniens, 95 km südlich von Neapel, liegt **Paestum**. Der Ort, in der Antike wohlhabende griechische Kolonie, gehört heute mit 550 000 Besuchern im Jahr zu den meistbesuchten archäologischen Stätten in Italien. Berühmt sind vor allem die drei eindrucksvollen, sehr gut erhaltenen dorischen Tempel aus der Blütezeit der Stadt. Neben der archäologischen Ausgrabungsstätte und dem daran angeschlossenen Nationalmuseum bilden die breiten Sandstrände und kleine Landgüter, die neben dem Gemüseanbau (Artischocken und Melonen) auch Büffelzucht betreiben, weitere Anziehungspunkte der Gegend. Seit dem 12. Jahrhundert wird hier aus der Büffelvollmilch der auch bei uns beliebte echte Mozzarella hergestellt.

Eine der großen Sammlungen der Welt: das Archäologische Museum (→ S. 42) in Neapel mit zahlreichen Funden aus der griechischen und römischen Antike.

Gewusst wo ...

Spektakuläre Aussichtsterrasse über der Amalfiküste: das Belvedere der Villa Cimbrone (→ S. 65) in Ravello mit den Büsten römischer Kaiser auf der Balustrade.

Amalfiküste und Golf von Neapel sind seit langem klassische Traumdestinationen und mit einem breit gefächerten Angebot auf die unterschiedlichen Wünsche von Reisenden aller Art eingestellt.

Übernachten

Das Angebot reicht von der günstigen Familienpension bis zur Luxusherberge mit eigener Therme.

*Der Poolbereich des Luxushotels Le Sirenuse in Positano: Ein solch verschwenderisch
ausgestattetes Urlaubsdomizil hat natürlich auch seinen Preis.*

Regionale Hotelführer – leider sind die Preislisten selten auf dem neuesten Stand – kann man in Reisebüros und bei den örtlichen Touristeninformationen bekommen. Wer den Golf von Neapel mit seinen Inseln, Ausgrabungsorten und der Stadt Neapel besuchen möchte, dem empfiehlt sich als Standort Ischia, Sorrento oder Neapel. Aufgrund der guten Verkehrsverbindungen mit Schiff und Bahn lässt sich von diesen Orten aus eine Menge unternehmen. Wer lieber ohne festen Aufenthaltspunkt reisen möchte, findet auch in den anderen Küstenstädten und -dörfern sowie im Hinterland Hotels und andere Übernachtungsmöglichkeiten.

In den Ferienorten an der amalfitanischen Küste und auf den Inseln sind Buchungen, besonders in den unteren und mittleren Preisklassen, zum Teil mit kombinierter **Halb**- oder **Vollpension** möglich. Dies muss aber nicht von Nachteil sein, denn die Angebote sind günstig und das Essen meist gut. Eine Reihe von Hotels werden auch in Katalogen mit Pauschalreisen angeboten. Oft wird ein Aufenthalt so günstiger als bei individueller Buchung. Ein Preisvergleich lohnt sich.

Capri ist im Golf von Neapel sicherlich das teuerste Pflaster, doch auch hier finden sich günstige Pensionen, die einen längeren Aufenthalt ermöglichen, ohne das Portemonnaie allzu sehr zu strapazieren.

Ferien abseits vom Touristenstrom kann man auf Procida machen. Neben den Hotels bietet es sich hier an, über die private Agentur »Graziella Travel« (→ S. 88) eine Ferienwohnung zu mieten. Auch auf den Inseln Ischia und Capri werden über Agenturen oder privat (Schild »affittasi« am Haus) Wohnungen angeboten. Die Monate Juli/August sind aber – nach Möglichkeit – wegen überhöhter Preise zu meiden.

MERIAN-Tipp

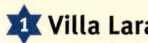

🔴 Villa Lara

Dieses Bed & Breakfast der neuen Generation liegt hoch über Amalfi und ist eine wahre Oase der Ruhe. Die Villa aus dem 19. Jh. erreicht man mittels eines Privataufzugs. Ihre Zimmer sind in schlichter Eleganz und mit Liebe zum Detail eingerichtet. Die Bäder schmücken Kacheln aus dem Töpferort Vietri sul Mare. Man frühstückt auf der Terrasse, von wo aus man den schönen Blick auf einen Zitronenhain und die Stadt Amalfi genießen kann.

Via delle Cartiere 3, Amalfi; Tel./Fax 0 89/8 73 63 58; www.villalara.it; 6 Zimmer, 1 Suite ●●● CREDIT 🐾
···❯ S. 120, C 11

Campen kann man auf dem Festland. Auf den Zeltplätzen gibt es auch oft einfach ausgestattete Bungalows zu mieten. Die meisten befinden sich nördlich von Pozzuoli und in der Gegend um Paestum. Ebenfalls gut ausgestattete Anlagen findet man auf Ischia, in Pompeji und Sorrento. Einfache Campingplätze bietet Procida. Auf Capri ist Campen generell verboten!

Eine interessante Alternative sind die »aziende agricole«, kleine Landgüter mit biologischem Anbau im Rahmen des so genannten Agriturismo. Sie liegen abseits vom Touristenstrom und eignen sich als Ausgangspunkt für Ausflüge in der ganzen Region. Ausführlichere Informationen zum Agriturismo und zu »aziende agricole« speziell in Süditalien können Sie in dem MERIAN-Spezial »Agriturismo« auf S. 16/17 finden.

Empfehlenswerte Hotels und andere Unterkünfte finden Sie jeweils bei den Orten im Kapitel »Unterwegs an Amalfiküste und Golf von Neapel«.

Agriturismo

Nicht nur für Familien: Ferien auf süditalienischen »aziende agricole«.

Eine Alternative zu den gewohnten Hotels und Pensionen stellen in ganz Italien die »aziende agricole« im Rahmen des so genannten Agriturismo dar. Hierbei handelt es sich im besten Fall um kleinere Landgüter – oft jahrhundertealte, liebevoll restaurierte Gebäude – mit wenigen, aber komfortablen Zimmern. Die Besitzer dieser »aziende« haben in der Regel das Ziel, ihre Gäste mit herausragender regionaler Küche aus Eigenanbau-Produkten zu verwöhnen. Darüber hinaus gibt es meist ein breit gefächertes Angebot an Freizeitaktivitäten, das von Wandern, Tischtennis und Fahrradfahren über Kochkurse bis zum Bogenschießen reicht. Die herzliche und ganz persönliche Aufnahme durch die Gastfamilie, Erholung und Entspannung sollen hier den Ferienaufenthalt zum einmaligen Erlebnis machen. Sozusagen »Ferien auf dem Bauernhof« für gehobene Ansprüche.

Dabei hat jede »azienda« ihre Charakteristika und setzt unterschiedliche Schwerpunkte, was bei der Aus-

wahl bedacht werden muss. In der Gegend um Golf von Neapel und Amalfiküste sind solche »aziende« ideal für Urlauber, die von einem ruhigen Ausgangspunkt Ausflüge in die lebhafteren Orte an der Costiera Amalfitana oder zu den archäologischen Ausgrabungsstätten Pompeji, Ercolano oder Paestum machen möchten. Auch für Besucher, die sich abseits der Touristenströme bewegen möchten, eignen sie sich besonders gut, z. B. um die weiteren Provinzen der Region, Avellino, Benevento, Caserta und Salerno (Cilento), kennen zu lernen.

FERIEN IM ADELSPALAST
Azienda Agricola Mustilli
····❯ S. 117, F 2
Wer das bergige, touristisch noch weitgehend unerschlossene Hinterland Kampaniens entdecken möchte, sollte bei der Azienda Agricola Mustilli in Sant'Agata dei Goti einkehren, einem malerischen Dorf hoch in den Bergen zwischen Benevento und Ca-

serta. Hier wohnt man im herrschaftlichen Adelspalast Rainone (16. Jh.) der Familie Mustilli. Ihr Weingut produziert nach biologischen Anforderungen Weine höchster Qualität, die mehrfach ausgezeichnet wurden; sehenswert ist der in den Tuffstein gegrabene Weinkeller. Donna Marilì Mustilli kümmert sich um das kleine Restaurant, in dem sie traditionelle Gerichte der Region mit Phantasie neu interpretiert. Dem kunsthistorisch interessierten Gast werden Ortsführungen und Ausflüge in die Umgebung geboten.

Azienda Agricola Mustilli,
Via dei Fiori 20, 82019 Sant'Agata dei Goti (BN); Tel. 08 23/71 74 33, Fax 71 76 19; www.mustilli.com; 5 Zimmer, 1 Suite ●● CREDIT 🐎

...ODER UNTER NUSSBÄUMEN
Azienda Agricola Barone Antonio Negri ····⟩ S. 121, E 10
Besonders geeignet für Familien mit Kindern und Gäste, die auf Kultur und Sightseeing nicht verzichten möchten, ist die Azienda Agricola Barone Antonio Negri im Hinterland von Salerno. Dieser traditionsreiche Familienbesitz wird von der herzlichen Monica Negri – Tochter einer alten Adelsfamilie aus Gaiano – geführt. Diese »azienda« ist für Ausflüge ausgesprochen günstig, denn es sind nur 30 Autominuten bis zur Costiera Amalfitana, nach Paestum oder nach Pompeji. Wer lieber einen Tag auf dem Meer verbringen möchte, kann sich auf einem Boot einmieten. Aber auch im Anwesen selbst lässt es sich am Pool faulenzen oder im Dampfbad schwitzen. Natürlich spielt hier gutes Essen ebenfalls eine zentrale Rolle: Es finden nur Produkte aus eigenem biologischen Anbau oder eigener Tierzucht Verwendung, in einer extra eingerichteten Backstube werden Kuchen und Nussgebäck hergestellt.

Azienda Agricola Barone Antonio Negri,
Via Teggiano, 84084 Gaiano di Fisciano (SA); Tel. 0 89/95 85 61, Fax 89 11 80; www.agrinegri.it; 6 Zimmer, 1 Suite ●● CREDIT ♿ 🐎

Weitere Infos zum Thema Agriturismo unter:
····⟩ www.agriturist.it

Auf vielen »aziende agricole« werden Obst und Gemüse selbst angebaut – für den Eigenbedarf und zum Verkauf.

Essen und Trinken

Wohlschmeckend und gesund ist die Küche hier: Pasta, viel Gemüse und frischer Fisch.

Im Restaurant des Hotels Tramonto d' Oro in Praiano speist man köstliche Mittelmeergerichte mit Logenblick – eine häufige Kombination in dieser Küstenregion.

Wer die echte Küche der Gegend kennen lernen möchte, sollte sich unter Einheimische mischen. Kochen und Essen gehören hier zu den alltäglichen, nie enden wollenden Gesprächsthemen. Denn das Essen zählt zu den größten Vergnügen und wird im Sommer bis spät in die Nacht zelebriert. Es empfiehlt sich, in den Restaurants, vor allem an Wochenenden und Feiertagen, zu reservieren.

Wer im Ferienapartment selber kochen will, sollte sich von der beeindruckenden Auswahl an Gemüse und Obst auf den Märkten inspirieren lassen. Das Angebot richtet sich immer nach der Saison und stammt meist aus Kampanien selbst, was eine Frische garantiert. In Lebensmittelgeschäften wird auch oft frischer Pesto (Basilikumsauce) angeboten, der dann nur noch unter die Nudeln gemischt werden muss.

Neben vielen frischen Käsesorten und hauchdünn geschnittenen Schinkenscheiben runden in Öl eingelegte getrocknete Tomaten und marinierte Auberginen- und Zucchinistreifen das äußerst reichhaltige Angebot für Selbstversorger ab.

Vier-Gänge-Menü

Wer ganz traditionell mit einem ersten Gang (»primo piatto«), Hauptgericht (»secondo piatto«), Beilage (»contorno«) und Nachspeise (»dolce«) essen möchte, findet überall einladende »trattorie« und »ristoranti«. Der Preis für ein Essen setzt sich hier aus einem Gedeck und Brot (»coperto«) und dem bestellten Gericht nebst Getränken zusammen. Je nach Exklusivität des Lokals variiert der Preis für das Coperto zwischen 1 und 3 €. Falls auf die Endsumme noch ein Zuschlag für die Bedienung (»servizio«) und 10 bis 15 Prozent Steuer (»IVA«) kommen, muss dies auf der Speisekarte extra vermerkt sein. Das Mittagessen wird zwischen 13 Uhr

MERIAN-Tipp
2 La stanza del gusto

In seinem Gourmetlokal verwöhnt Mario Avallone als einer der kreativsten Köche Neapels seine Gäste mit außergewöhnlichen Antipasti wie »arancini di mare« und anderen ausgefallenen Speisen, die bis zum Dessert die kampanische Küche fantasievoll neu interpretieren. 2008 Neueröffnung Via Costantinopoli 100 mit Delikatessenverkauf vom Chef ausgewählten »squisitezze«.

Vicoletto Sant'Arpino 21; Tel. 0 81/40 15 78 (vorbestellen); tgl. außer So 20–24 Uhr ●●● CREDIT
⤑ Umschlagkarte hinten, c 5

und 15.30 Uhr, das Abendessen zwischen 20 und 23 Uhr eingenommen.

Lassen Sie sich von den aromatischen Düften dieser einfachen Küche verführen, deren Geheimnis in der Frische der Zutaten und dem schmackhaften Olivenöl begründet liegt. Pasta, Gemüse und Fisch sind die Spitzenreiter auf der Speisekarte.

Womit lässt sich der Hunger besser stillen als mit Spaghetti, Penne, Tortellini, Bucatini, Orecchiette oder einer anderen der vielen hundert Nudelsorten. Die Wahl der Marke und Größe ist dabei mehr als eine Glaubensfrage.

Das Angebot an Gemüsesorten, die die Nudelsaucen so vielfältig machen, richtet sich ganz nach der Jahreszeit. Im Sommer stapeln sich an den Gemüseständen violett schimmernde Auberginen, leuchtend rote und gelbe Paprikaschoten, kleine Zucchini und verschiedene Tomatensorten, die die Grundlage vieler neapolitanischer Gerichte bilden.

In der kälteren Jahreszeit wird der Speiseplan vor allem durch Artischocken, verschiedene Brokkolisorten,

Mangold, Blumenkohl und hellgrünen, saftigen Fenchel bestimmt. Letzterer wird hier im Süden gerne roh verzehrt, als magenfreundlicher Ab-

Verführerische Mittelmeergemüse

schluss nach einem guten Essen. Salate vom roten Radicchio über knackige grüne »incapucciata« bis zu »rucola« (Rauke) gibt es fast das ganze Jahr über. Unübertrefflich ist das Angebot an frischem Fisch und Meeresfrüchten. Zu den Spezialitäten der zahlreichen Fischrestaurants gehören »zuppa di pesce« (eine gute Fischsuppe besteht aus mindestens zehn verschiedenen Fischarten) und »spaghetti alle vongole«, die mit kleinen Tomaten oder »in bianco«, mit Olivenöl, Knoblauch und Petersilie, serviert werden. Zu empfehlen sind auch kleine Sardinen, die frittiert oder in einer Marinade aus Öl, Essig, Zitrone und Petersilie eingelegt werden. Köstlich sind die verschiedenartig zubereiteten Tintenfische und Meeresfrüchte. Fischgerichte laufen den Fleischspeisen fast immer den Rang ab. Eine Ausnahme macht allein das »coniglio alla cacciatora« (Kaninchen nach Jägerinnenart), das vor allem auf den Inseln sehr gut zubereitet wird.

Als Vorspeise (»antipasto«) empfehlenswert sind frittierte Spezialitäten, wie die mit Mozzarella gefüllten Kartoffelkroketten oder die kleinen ausgebackenen Teigkugeln, die so genannte »pasta cresciuta«, kulinarischer Höhepunkt sind die auf die gleiche Art zubereiteten Zucchiniblüten. Wen es dann nach dem für die Italiener obligatorischen Nudelgericht (»primo piatto«) weder nach Fisch noch Fleisch verlangt, der sollte eine andere, mittlerweile auch bei uns bekannte Spezialität der Region probieren: »mozzarella di bufala«. Der Weichkäse wird täglich frisch aus der

Milch der Büffel, die in den sumpfigen Gebieten der Region gehalten werden, hergestellt. Auf den Inseln wird meist auch der im Geschmack leichtere und aus Kuhmilch hergestellte »fior di latte« als Mozzarella angeboten. Empfehlenswert ist ebenfalls der im Geschmack herzhaftere »provolone«, ein geräucherter Frischkäse.

Ein kulinarisches Muss ist die weltberühmte und überallhin exportierte neapolitanische Pizza. Pizzerien gibt es in der ganzen Gegend in Hülle und Fülle. Das Gericht ist preiswert, und neben der echten Pizza Margherita mit Tomaten, frischem Mozzarellakäse und Basilikum gibt es unzählige Varianten. Eine Spezialität ist die »pizza fritta«, eine in Öl gebackene Pizzatasche mit Ricotta, oder eine Pizza mit »salsiccia« und »friarelli«. Diese eher deftigen Pizzavarianten mit Wurst und Kohl essen Einheimische und »Eingeweihte« besonders gern in der kalten Jahreszeit.

Süße Kalorienbomben

Eine Nachspeise (»dolce«) sollte nach einem guten Essen nicht fehlen. Die Wahl unter all den Köstlichkeiten fällt schwer. Ein Stück der »torta caprese« (ein Schokoladen-Mandel-Traum) oder der leichteren »torta di limone« (Zitronentorte) ist auch beim nachmittäglichen Kaffeetrinken ein Genuss.

An den Küstenstreifen von Sorrent und Amalfi müssen Süßspeisenliebhaber unbedingt die »delizia al limone«, einen Biskuit-Zitronen-Traum, probieren. Der kleine Ort Minori gilt diesbezüglich als Geheimtipp. Lieblingskuchen der Neapolitaner sind die »sfogliate«, ein mächtiges, mit Ricottakäse gefülltes Gebäck, oder der »babà«, ein feuchter Rumkuchen. Den Abschluss bildet ein duftender Espresso. Nach einem reichhaltigen und ausgiebigen Essen ist aber auch ein eisgekühlter Limoncello (ein aromatischer Zitronenlikör), der es allerdings in sich hat, oder auch der Magenbitter Nocillo (ein herber Likör aus Walnüssen) zu empfehlen.

Der Wein des fruchtbaren Lavabodens am Vesuv und auf Ischia war schon zu Römerzeiten berühmt.

Wein von den Hängen des Vulkans

Seit Jahrhunderten trägt der trockene, angenehme Vesuvwein den Namen Lacrima Christi. Das Weingut der Familie d'Ambra produziert heute die wohl besten Weine auf Ischia: den weißen Biacolella und den schweren roten Per'e Palummo, der zur Fischsuppe empfohlen wird.

Die Weine der Inseln Procida und Capri sind meist leichte, offene Landweine. Sie werden dort als »vino locale« angeboten. Ausnahmen sind die weißen Weine Punta Vivara sowie der Bordo Capri und der Rotwein Solaro, die auf Capri gekeltert und in Flaschen abgefüllt werden.

Was die Weinproduktion in der Region betrifft, so gewinnen die Weingüter im Landesinneren, die unter der Bezeichnung »azienda agricola« zu finden sind, zunehmend an Bedeutung. Sie bauen nach biologischen Grundsätzen an und bringen alte Rebsorten zu neuer Blüte.

Die vulkanischen Böden der Weinberge des Gutes Villa Matilde in Cellole bei Caserta liegen auf den Hügeln am Fuße des Monte Massico. Hier wurden die weiße Rebsorte Falanghina und die beiden roten Reben Aglianico und Piedirosso wiederentdeckt. Die Weine haben höchste Qualitätsauszeichnungen erreicht.

Ähnliche Erfolge kann das Gut der Familie Mustilli in Sant'Agata dei Goti, einem malerischen Bergdorf zwischen Caserta und Benevent, verzeichnen. Hier werden neben den bereits genannten Trauben auch Reben zur Herstellung des Greco di Sant'Agata dei Goti angebaut und dann im antiken herrschaftlichen Palazzo im Zentrum von Sant'Agata dei Goti zu Wein verarbeitet.

Empfehlenswerte Restaurants und andere Lokale finden Sie jeweils bei den Orten im Kapitel »Unterwegs an Amalfiküste und Golf von Neapel«.

Die mit Stuck verzierten Räume des Traditionscafés Gambrinus (→ S. 43) in Neapel waren früher Treffpunkt der Künstler und Literaten der Stadt.

Einkaufen

Die Region bietet alles – von Designermode über Keramik bis zu kulinarischen Spezialitäten.

In diesem Laden in Amalfi (→ S. 61) gibt es Limoncello, den hochprozentigen Zitronenlikör, der »ghiacciato« (eisgekühlt) als Digestif getrunken wird.

Sowohl auf den Inseln als auch an der Küste wird der Besucher leicht ein Mitbringsel oder ein Erinnerungsstück finden. Dem Modeinteressierten bieten neben Neapel vor allem Capri mit Luxusartikeln und Positano mit bunter Sommermode ein reichhaltiges Angebot.

Das **Keramikhandwerk** blickt in der Region auf eine lange Tradition zurück. Seine Erzeugnisse werden vor allem auf den Inseln und an der amalfitanischen Küste produziert und verkauft (Keramikhochburg ist das Städtchen Vietri sul Mare). Das Gleiche gilt für **Korallenschmuck** und **Gemmen**, die meist aus dem dafür bekannten Ort Torre del Greco stammen. Ausgefallene **Parfümkreationen** aus den Blüten Capris werden jedoch nur auf der Insel selbst angeboten. Die schönsten **Holzintarsienarbeiten** bekommt man in Sorrent.

Eine kulinarische Köstlichkeit, die man mitnehmen kann, sind die Käsespezialitäten aus den Monti Lattari, vor allem der handgemachte »provolone del monaco« und der schmackhaft geräucherte »scamorza«. Nur für den sofortigen Verzehr geeignet sind dagegen Ricotta und Mozzarella aus Büffelmilch.

Wer einen richtigen Shopping-Tag verbringen möchte, sollte nach Neapel fahren. Gute Qualität hat zwar auch hier ihren Preis, jedoch sind Schuhe und andere Lederwaren »made in Italy« preisgünstiger als beispielsweise in Rom. Haupteinkaufsstraße und größtenteils Fußgängerzone ist die Via Toledo, im Volksmund Via Roma genannt. Daran schließt sich ab der Piazza Trieste e Trento das **Chiaia-Viertel** an, in dem junge pfiffige Mode verkauft wird. Hier, an der Piazza di Martiri, liegen die Filialen der großen Modedesigner. Eine Fußgängerzone mit vielen Geschäften hat auch der **Vomero** zu bieten, wo man unter Platanenbäumen bummeln kann und der leicht mit der Funicolare zu erreichen ist. In den nach den alten Zünften aufgeteilten Gassen der Altstadt um **Spaccanapoli** findet man **Goldschmuck** und die für Neapel typischen Silbervotivplatten einzelner Körperteile, die kranke Neapolitaner in der Hoffnung auf Heilung dem angebeteten Heiligen spenden. Diese Danksagungen sind in allen Kirchen zu finden. In den Buchläden hier findet man wunderschöne Bildbände über alle bekannten und weniger be-

Einkaufsparadies Neapel

kannten Orte der Region. Die schönsten stammen von Neapels berühmtestem Fotografen Mimmo Jodice. In einer Seitengasse der Spaccanapoli liegt auch die Krippenstraße **San Gregorio Armeno,** in der das ganze Jahr über Krippenfiguren in allen Größen und Preiskategorien angeboten werden. Nicht weniger fantasievoll ist das Zubehör, das von kunstvoll dekorierten Obstkörben bis zu Musikinstrumenten reicht. In jedem Geschäft gibt es Kurioses zu entdecken, wobei das rote Horn als Glücksbringer in keiner Auslage fehlt.

Die offiziellen Geschäftszeiten sind von Montag bis Samstag von 9.30 bis 13.30 und von 16 bis 20 Uhr. Im Dezember sind die Läden in Neapel auch sonntags geöffnet. Am Montagvormittag sind alle Geschäfte zu, ausgenommen die Lebensmittelläden (Alimentari). Diese bleiben am Donnerstagnachmittag geschlossen. In den Ferienorten sind die Öffnungszeiten fließend und richten sich nach der Saison. Am 15. August, dem berühmten Ferragosto, bleiben alle Geschäfte geschlossen.

Empfehlenswerte Geschäfte und Märkte finden Sie jeweils bei den Orten im Kapitel »Unterwegs an Amalfiküste und Golf von Neapel«.

Feste und Events

Besonders beeindruckend: die Osterprozessionen.
Aber nur eines von vielen weiteren Ereignissen.

Am Ostersonntag findet in der kleinen Gemeinde Forio (→ S. 81) auf Ischia die Prozession Corsa dell'Angelo statt, der historische »Engelslauf«.

Die Menschen am Golf von Neapel feiern mit großer Leidenschaft ihre religiösen Feste. Jeder noch so kleine Ort oder auch jedes einzelne Stadtviertel besitzen ihren Heiligen, der sie vor allem Unglück schützen soll und den sie an seinem Namenstag mit einer Prozession feiern.

Die bekanntesten **Osterprozessionen der Karwoche,** der so genannten »settimana santa«, finden auf Procida, Ischia und in Sorrento statt. Jeder der Umzüge hat seine lokalen Besonderheiten. Steht für die blauen Kapuzenträger auf Procida neben der Darstellung des Lebens- und Leidensweges Christi eine schwarze Madonna im Mittelpunkt der Veranstaltung, so wird in Forio bei der Ostersonntagsprozession eine biblische Szene vorgespielt. In ihrer Einfachheit besonders ausdrucksstark sind die Prozessionsgruppen aus ganz Kampanien, die der Madonna Santa Maria dell'Arco gewidmet sind. Sie pilgern am Ostermontag nach Sant'Anastasia bei Neapel, um zu dem Wunder vollbringenden Heiligtum zu gelangen. Beeindruckend ist das Schauspiel durch seinen Ausdruck naiver Volksfrömmigkeit und Wunderglauben, der bis heute ungebrochen ist.

Besonders eindrucksvoll erlebt man dies in Neapel, geschieht doch dort zweimal im Jahr das Wunder der Blutverflüssigung des Stadtheiligen San Gennaro; wer sich im Mai oder September hier aufhält, kann im Dom dieses »Wunder« miterleben. Während der Messen wird dann die Ampulle mit dem flüssigen Blut gezeigt, und man kann sie aus der Nähe betrachten.

Zu den kirchlich-religiösen Festivitäten kommen Volks- und Erntedankfeste (z. B. »sagra di castagne« im Oktober), Umzüge in historischen Kostümen, alljährlich stattfindende Preisverleihungen für Literatur und Musik sowie eine Menge unterschiedlichster Konzertveranstaltungen.

JANUAR

Folklore
Abends Folkloregruppen auf den Plätzen Capris.
1. und 6. Januar

Dreikönigsfest (Epifania)
Zu diesem Anlass finden in allen Kirchen besondere Messen statt; außerdem Veranstaltungen für Kinder auf der Piazza Plebiscito in Neapel.
6. Januar

Faschingsbeginn
Farbenprächtige Umzüge an der amalfitanischen Küste.
17. Januar

FEBRUAR

Fest des Stadtheiligen Sant'Antonio in Sorrent
14. Februar

APRIL

Karfreitagsprozessionen
Eindrucksvolle Umzüge in Sorrento, sowie auf den Inseln Procida (→ MERIAN-Tipp, S. 86) und Capri.

Corsa dell'Angelo
Prozession in Forio auf Ischia.
Ostersonntag

Madonna dell'Arco
Prozession in Sant'Anastasia.
Ostermontag

Frühlings- und Artischockenfest in Paestum
25. April

MAI

Fest des San Gennaro in Neapel
Erstes Wochenende im Mai

Fest der Madonna del Granato in Capaccio Vecchia (Paestum)
2. Mai

Fest des Rosenkranzheiligtums in Pompeji
8. Mai und 1. So im Oktober

Fest des San Costanzo auf Capri
Prozession von Capri bis zur Marina Grande und zurück.
14. und 16. Mai

Fest der Santa Restituita auf Ischia
Bootsprozession in Lacco Ameno.
17. bis 19. Mai

JUNI

Festa dei Gigli in Nola
Prozession mit riesigen, alljährlich neu gebauten Holzkonstruktionen in Lilienform und Volksfest.

Musikfestival in Ravello
Im Garten der Villa Rufolo, dem Wallfahrtsort für Wagnerianer.
Juni, Juli und September

Fest des Sant'Antonio auf Capri
Prozession durch Anacapri.
13. Juni

Festumzug für San Vito in Positano
15. Juni

Fest des Sant'Andrea in Amalfi
Bootsprozession in Amalfi.
27. Juni

Bootsprozession der Fischer für San Pietro in Cetara
29. Juni

Santi Pietro e Paolo
Prozession und anschließendes Volksfest in Ischia Porto.
1. Sonntag nach dem 29. Juni

Leuciana Festival in San Leucio (Caserta)
Internationales Musik- und Tanzfestival am Belvedere des Schlosses von San Leucio.
Ende Juni bis Ende Juli

JULI

Festival delle Ville Vesuviane
Konzerte im Portikus der Villa Campolieto in Ercolano.
www.villevesuviane.net

Fest der Madonna del Carmine in Neapel
Der Brand des Turmes der Kirche S. Maria del Carmine wird mit Feuerwerkskörpern »nachgespielt«.
15./16. Juli

Prozession zu Ehren der Santa Maria Maddalena in Atrani
22. Juli

Fest der Sant' Anna auf Ischia
Prozession mit hunderten von beleuchteten Booten.
26. Juli

AUGUST

Mariä Himmelfahrt
Der sogenannte Ferragosto ist der Höhepunkt des Sommers. Überall werden Feste veranstaltet.
15. August

SEPTEMBER

Settembre al borgo in Caserta Vecchia
Zahlreiche Theater- und Musikveranstaltungen.

Fest der Kaktusfeige in Furore
1. Septemberwoche

Fest des San Gennaro in Neapel
Geburtstag des Schutzheiligen der Stadt, Prozession und Blutwunder.
19. September

OKTOBER

Fest der Kastanienernte in Scala (Ravello) und auf dem Monte Faito

NOVEMBER

Fest des Sant'Andrea in Amalfi
Eine Büste des Heiligen wird vom Meer bis in den Dom getragen.
30. November

DEZEMBER

Fest der Immacolata in Torre del Greco
Prozession und Fest mit Feuerwerk.
8. Dezember

Sport und Freizeit

Schwimmen, Surfen & Co. stehen an erster Stelle.
Aber auch Wanderer kommen auf ihre Kosten.

Zahlreiche Hotels an der Felsküste von Amalfi bieten luxuriöse Liegeplätze für Sonnen-hungrige an; zum Schwimmen muss man meistens noch ein bisschen hinuntersteigen.

Die schönsten Bademöglichkeiten findet man auf den Inseln im Golf von Neapel, da hier die Meeresströmung für recht sauberes Wasser sorgt. Da man auf Capri und an vielen Stellen der Küste vergeblich nach Sandstränden suchen wird, hat sich hier die Kultur der Badeanstalten entwickelt. An diesen »stabilimenti« gelangt man über Leitern und Treppen leicht und bequem ins Wasser. Einige dieser Anlagen kann man nur vom Hafen aus mit dem Bootstaxi erreichen.

An der **Sorrentiner Steilküste** führen hoteleigene Stege zum Meer. Doch einige wenige Badebuchten (**Puolo-Bucht!**) sind auch öffentlich zugänglich. Die Wassertemperaturen erlauben ungetrübtes Schwimmvergnügen von Ende Mai bis Oktober. Idealer Bademonat ist der September, denn zu dieser Zeit sind die Wasser- und Lufttemperaturen angenehm warm, die Strände aber nicht mehr so überfüllt wie zur Hauptsaison im Hochsommer.

Außerhalb des Sommers eignen sich auch die breiten Sandstrände von **Capo Miseno** und **Varcaturo** zum Sonnenbaden oder für einen ausgedehnten Strandspaziergang. Hier sind auch Hunde erlaubt. An diesen Stränden sind einige Strandbäder ganzjährig geöffnet und bieten neben einer Bar auch Spielplätze für die Kleinsten und die Möglichkeit für Ballspiele aller Art. Diese so genannten »Lidos« sind den öffentlichen Stränden, die nicht regelmäßig gesäubert werden, vorzuziehen.

Die Thermen haben zu jeder Jahreszeit regen Zulauf. Wassersportarten wie Surfen und Segeln sind in fast jedem Badeort möglich, beliebt sind die kleinen Segelhäfen der Inseln. Ausrüstungen und Zubehör zum Tauchen, Segeln, Surfen etc. kann man vor Ort ausleihen. Zum Sportangebot von Amalfiküste und Golf gehören auch Tennisplätze, die meist den größeren Hotels angeschlossen sind.

MERIAN-Tipp

3 Segeltörn ab Procida

Mit der eigenen Segelyacht hinaus aufs blaue Meer – für viele ein Urlaubstraum. Auf der Insel Procida ist dies auch ohne eigenen Segelschein möglich. Am Hafen von Procida, der Marina Grande, werden Segelboote von 9 bis 15 m – je nach Bedarf auch mit Skipper – vermietet. Ein Boot mit sechs Plätzen kostet für ein Wochenende im Juni pro Person ca. 60 €. Der Preis für eine Woche in der Hauptsaison (22. Juli–25. Aug.) liegt bei 400 €.

Sail Italia, Via Roma 63a, Procida; Tel. 0 81/8 96 99 62; www.sailitalia.it

····> S. 85, c 1

Wanderungen auf den höchsten Berg Ischias, den **Monte Epomeo,** oder auf den **Monte Faito,** wo die Quelle der Thermen von Castellammare di Stabia entspringt, gehören zu den schönsten Naturerlebnissen der Region. **Capri,** wo die Hauptwege gut gekennzeichnet sind, lädt überwiegend zu einfachen Wanderungen ein. Der Rundweg von Marina Grande über Passetiello und Santa Maria a Cetrella auf den Monte Solaro und über Anacapri wieder zurück setzt jedoch nicht nur gute Ortskenntnisse, sondern vor allem auch Erfahrung im Bergsteigen voraus.

Wer eine solch sportliche Herausforderung sucht, kann auch zu höchst abwechslungsreichen Wanderungen im bergigen Hinterland der **amalfitanischen Küste** und auf die **Monti Lattari** (→ S. 97) aufbrechen. Eine herrliche Aussicht auf zauberhafte Landschaften verspricht beispielsweise der in den Bergen beginnende Weg von **Agerola** (Bomerano) über Nocelle und Montepertuso bis nach Positano hinunter. Nicht ohne Grund trägt diese Strecke den Namen **Sentiero degli Dei** (Weg der Götter).

BOOTFAHREN

Kanus, Kajaks und Schlauchboote kann man in nahezu jedem Badeort an der Sorrentiner Küste und auf den Inseln mieten. Vor der Abfahrt empfiehlt sich eine sorgfältige Kontrolle der Ausrüstung, damit man später auf dem Wasser keine bösen Überraschungen erlebt.

SEGELN UND SURFEN

In fast allen Badeorten der Region gibt es Möglichkeiten, diesen Sportarten nachzugehen und sich die dazugehörige Ausrüstung auszuleihen bzw. einen Kurs zu besuchen (→ MERIAN-Tipp, S. 29).

Ischia, Maronti   ⤳ S. 79, b 3
Beliebtes Surfer-Paradies.

TAUCHEN

Für Taucher sind besonders die Inselgewässer rund um Ischia und Capri interessant.

Capri, Punta Carena   ⤳ S. 73, a 3
Tauchschule

Ischia Porto   ⤳ S. 79, c 1
Tauchschule

TENNIS

Fast alle größeren Hotels der Badeorte verfügen über einen oder mehrere Tennisplätze, die auch von Nicht-Gästen benutzt werden können. In diesem Fall ist jedoch eine Voranmeldung notwendig.

WANDERN

Wandern gehört nicht gerade zu den Volkssportarten der Süditaliener, was an den fehlenden Wegmarkierungen deutlich wird. Deshalb sollte man bei Wanderungen auf eigene Faust immer eine gute Wanderkarte dabeihaben. Capri bildet hier eine Ausnahme, auf der Insel sind die Wege gut gekennzeichnet.

Für kleine Gruppen bietet die regionale WWF-Vereinigung interessan-te Wanderungen durch Naturschutzgebiete an.

Parco Diecimare   ⤳ S. 121, D 11
Vier Wanderwege führen durch das 220 ha große Naturschutzgebiet, das den Monte Caruso einschließt. Einen herrlichen Ausblick bietet der »sentiero dei due golfi«, man blickt gleichzeitig auf den Golf von Neapel und den von Salerno.
Information: Tel. 0 89/56 26 36; Sommer tgl. 9–18, Winter tgl. 9–16 Uhr; Eintritt frei, Führungen: 5 €, Kinder 3 €

Castello Barbarossa   ⤳ S. 73, c 1
Oberhalb der Villa San Michele auf Capri befindet sich an der Burgruine ein Vogelschutzgebiet. Führungen werden von Mai bis Sept. jeden Donnerstag um 17 Uhr (April und Okt. 16 Uhr) organisiert; Anmeldung erforderlich.
Tel. 0 81/8 37 14 01

STRÄNDE

In der Vor- und Nachsaison kann man, abseits der Hauptstrände, auf Capri und an der amalfitanischen Küste romantische Felsbuchten entdecken.

An fast allen Küsten der Region wird das Strandleben durch die so genannten »stabilimenti« oder »bagni«, Badeanstalten am Meer, oft mit Bar oder Restaurant, organisiert. Vorteilhaft ist, dass neben der Vermietung von Kabinen und Liegestühlen auch der Strand gepflegt und sauber gehalten wird. Der Eintritt inklusive Liege kostet etwa 10 € pro Person. Einen Sonnenschirm gibt es ab 5 €.

Amalfitanische Küste
Erchie   ⤳ S. 121, D 11
Kleine Bucht mit Kieselstrand in der Nähe des malerischen Ortes Cetara.

Positano   ⤳ S. 121, B 11
Der Küstenstreifen zwischen den Inselchen Li Galli und Positano bietet viele kleine romantische Badebuchten, die von der Küstenstraße über Treppen zu erreichen sind. Westlich

von Positano liegt die Bucht von Rem-mense, von der aus ein Fußweg bis zum Strand von Fornillo in Positano führt.

Capri
Marina Piccola ┄┄⟩ S. 73, d 2
Kleine Felsenbucht im Süden der In-sel. Neben kleinen Strandbädern gibt es auch ein Stück freien Kieselstrand.

Punta Carena ┄┄⟩ S. 73, a 3
Der felsige Strand mit dem gepflegten Badekomplex Lido del Faro liegt im Südwesten der Insel. Oft bewegtes Meer. Die Bucht ist nur über eine stei-le Treppe zu erreichen.

Spiaggia dei Faraglioni
┄┄⟩ S. 73, e 2
Hier kann man sich mit Blick auf die malerischen Faraglioni-Felsen sonnen und im glasklaren Wasser baden. Die beiden Badeanstalten sind mit dem Boot oder über die Treppe des Belve-dere di Tragara zu erreichen.

Ischia
Citara ┄┄⟩ S. 79, a 2
Charakteristisch für die malerische Badebucht in der Gemeinde Forio

sind ihre verschieden großen Fels-brocken im Meer. Hier findet man eine große Auswahl an Strandbädern und Restaurants. Am Ende der Bucht lie-gen die Poseidongärten, die schönste Thermalanlage der Insel.

Maronti ┄┄⟩ S. 79, b 3
Der breite Sandstrand mit Strand-bädern und Restaurants gehört zu den schönsten der Insel. Am Ende des Strandes gibt es einen großen freien Sandstreifen, auf dem keine Gebühr verlangt wird. Von hier aus kann man mit dem Bootstaxi nach Sant'Angelo übersetzen.

San Montano ┄┄⟩ S. 79, a 1
Die kleine, geschützte Bucht mit Sandstrand (steiniges Meerufer!) liegt bei Lacco Ameno. Die Hälfte der Bucht gehört zum gepflegten Thermalgarten Negombo.

Procida
Ciraccio, Ciracciello
┄┄⟩ S. 85, b 2 und a 3
Die miteinander verbundenen, flachen Sandstrände liegen im Westen der In-sel und sind während des Sommers sehr belebt. Ideal für Kinder.

Die drei schroffen Faraglioni-Felsen (→ S. 72) vor Capri, eines der Wahrzeichen der Insel, die von der Spiaggia dei Faraglioni aus zu sehen sind.

Familientipps – Hits für Kids

Paradiesische Badestrände, spannende Museen und
Spielplätze garantieren viel Spaß für die Kleinen.

*Sehr angenehm für Eltern, die mit Kindern nach Süditalien reisen: Die »bambini« sind
an den Stränden – und nicht nur dort – immer herzlich willkommen.*

Wer mit seinen Kindern ans Meer fährt, braucht in der Regel keine speziellen Angebote: Der Strand, das Wasser und vielleicht noch ein Ball reichen den meisten Kids. An vielen Stränden gibt es die Möglichkeit, **Tretboote** mit und ohne Wasserrutsche zu mieten. Vor allem an der **amalfitanischen Küste** versteckt sich fast hinter jedem Felsvorsprung eine kleine Bucht, die es zu entdecken gilt. Der Preis für eine halbe Stunde Tretbootfahren liegt bei 8 €.

Wanderfreudigen Familien empfiehlt sich auf **Capri** ein Ausflug zum Monte Solaro (→ S. 77). Vom Gipfel hat man einen großartigen Blick auf Küsten und Meer. In Anacapri nimmt man den Sessellift (Fahrtdauer 12 Minuten, 6 € pro Person) und kann dann zu Fuß hinunterlaufen. Auf **Ischia** durchstreift man mit Kindern die Kastanienwälder oder besteigt von Fontana aus den Monte Epomeo (→ S. 80) mit dem Muli. Auf dem Festland bieten die Naturschutzgebiete des WWF Erholung.

Wer dagegen die Stadt **Neapel** mit Kindern besucht, sollte bei Kleinkindern den Sportwagen gegen einen Tragerucksack eintauschen, denn Kopfsteinpflaster und zugeparkte Bürgersteige können den Spaziergang zum Hürdenlauf machen. Museumsbesuch und Spielpause im Park lassen sich beim Nationalmuseum Capodimonte kombinieren. Einen Einkaufsbummel im Chiaia-Viertel mit der neuen Fußgängerzone kann man mit einem Gang durch die **Villa Comunale** verbinden. Interessant ist hier eine Besichtigung des **Aquariums** (→ S. 39).

Astroni ⋯⋙ S. 119, D 5
Der erloschene Krater, im Gebiet der Phlegräischen Felder, ist von einem Wald überwachsen, in dem es Seen und eine Vielzahl von einheimischen Tier- und Vogelarten gibt. Das ganze Jahr über finden an jedem Sonntag Führungen (tel. Anmeldung) statt.

Information: Tel. 0 81/5 88 37 20; tgl. außer Di 9.30–12.30 Uhr; Eintritt 5 € (Kinder frei)

Città della Scienza ⋯⋙ S. 119, D 5
Hier werden Wissenschaft und Technik kindgerecht vermittelt. Spannende Experimente und Simulationen. Via Coroglio 104, Bagnoli; www.cittadellascienza.it; tgl. außer Mo 9–17, So 10–19 Uhr, im Aug. geschl.; Eintritt 7 €, Kinder 5 €

Museo Zoologico (Musei Scienze Naturali)
⋯⋙ Umschlagkarte hinten, d 3
Das Zoologische Museum gehört zu den insgesamt vier naturwissenschaftlichen Museen Neapels, für die man auch ein Gemeinschaftsticket lösen kann. Von der Maus bis zum Elefanten gibt es eine Vielzahl einheimischer und exotischer Tiere. Via Mezzocannone 8, Neapel; www.musei.unina.it; tgl. außer Sa/So 9–13.30 Uhr, im Aug. geschl.; Eintritt 1,50 €, für alle 4 Museen für Familien 4,50 €

Parco Virgiliano ⋯⋙ S. 119, E 5
Auf dem höchsten Punkt des Viertels Posillipo gelegener, gepflegter Park mit Spielplätzen und einem wundervollen Blick auf den Golf. Posillipo, westl. der Villa Communale; tgl. 8 Uhr bis 1 Stunde vor Sonnenuntergang; Eintritt frei

Villa Comunale
⋯⋙ Umschlagkarte hinten, a 5/b 5
In diesem großen, am Meer gelegenen Stadtpark gibt es Spielplätze. Via Caracciolo, Neapel

Villa Floridiana
⋯⋙ Umschlagkarte hinten, a 3/a 4
Der Park der Villa bietet viel Platz zum Spielen. Das darin untergebrachte Museo Nazionale della Ceramica »Duca di Martina« zeigt Keramik und Porzellan aus aller Welt. Eingang: Via Cimarosa, Vomero; tgl. 9 Uhr bis 1 Stunde vor Sonnenuntergang

Unterwegs an Amalfiküste und Golf von Neapel

Der malerische, Schatten spendende Kreuzgang der Villa Cimbrone (→ S. 65) in Ravello lädt zum entspannten Verweilen ein.

Ob Badeferien oder Bildungsreise, Kuraufenthalt
oder Naturerlebnis – diese Gegend bietet
für jeden Geschmack eine unerschöpfliche Fülle
an Urlaubsmöglichkeiten.

Neapel und der Golf von Pozzuoli

Eine uralte, alle Sinne faszinierende Metropole –
aber auch ihr Umland geizt nicht mit Attraktionen.

*Einer der Eingänge in die Galleria Umberto I (→ S. 40) in Neapel. Diese kreuzförmige
Einkaufspassage beeindruckt nicht nur wegen ihrer verglasten Eisenkuppel, sondern
auch wegen des vielfarbigen Marmorbodens.*

Neapel ····⟩ S. 119, E 5

1 036 000 Einwohner
Stadtplan → Umschlagkarte hinten

Neapel ist Hauptstadt der gleichnamigen Provinz sowie der Region Kampanien. Offiziell wohnt hier eine Million Menschen, inoffiziell sicher über zwei Millionen. Hinzu kommt, dass 75 Prozent der Stadtfläche bebaut sind. Solche Zahlen wirken erschreckend, doch diese Menschenmenge auf eng bebautem Raum macht, neben der Fülle an Kunstschätzen, einen großen Teil der Faszination der Stadt aus. Die Vitalität und Lebensfreude, die sich vor allem in der Altstadt zeigen, haben europäische Künstler und Literaten, für die ein Besuch der Stadt zu den Höhepunkten ihrer Italienreise zählte, bereits im 18. Jh. begeistert beschrieben. Ihre Zeugnisse haben kaum an Aktualität verloren. Bei der Beobachtung des hektischen Gewimmels, der bunten Farben, der lauten Stimmen und starken Gerüche in den Altstadtgassen, wo die Hinterlassenschaften aus Mittelalter, Renaissance, Barock und Rokoko sich gegenseitig den Rang ablaufen, stürzen Besucher damals wie heute in eine Art Sinnestaumel, dem sie möglichst ausgeruht begegnen sollten. Für ein erstes Kennenlernen der Stadt sollte man am frühen Vormittag wählen, wenn sich das Leben und der Verkehr erst langsam in Bewegung setzen.

In der Altstadt liegt das Herz Neapels, wobei selbstverständlich das elegante **Chiaia-Viertel** mit seinen Wohnpalästen aus der Jahrhundertwende oder der im Westen etwas außerhalb gelegene **Posillipohügel** mit seinem atemberaubenden Panorama nicht vergessen werden dürfen. Aber auch die »Oberstadt« Neapels auf dem **Vomero**, früher Jagdrevier der Bourbonen, lädt mit ihren weitläufigen Platanenalleen und Jugendstilhäusern zum Bummeln ein.

MERIAN-Tipp

⭐ 4 Napoli Sotterranea

Das weit verzweigte ehemalige Zisternensystem der Stadt, das unterirdische Neapel, diente den Neapolitanern im Zweiten Weltkrieg als Schutzraum und später Mitgliedern der Unterwelt als Fluchtweg. Führungen durch diese geheimnisvolle Welt unter der Erde finden in zwei verschiedenen Stadtvierteln statt.

Im historischen Zentrum: Napoli Sotterranea, Piazza San Gaetano 68; Tel. 0 81/29 69 44; www.napolisotterranea. org; Mo–Sa 12–16, So 10–18 Uhr; mit Führung 9 €; im Spanischen Viertel: Via S. Anna di Palazzo 52; Tel. 0 81/ 40 02 56; www.lanapolisotterranea.it; Treffpunkt Do 21, Sa/So 11, 12, 18 Uhr Bar Gambrinus, Piazza Trieste e Trento; mit Führung 9 €, Kinder 5 €
····⟩ Umschlagkarte hinten, d 2 oder c 4

Mit dem politischen Wechsel, der 1993 in Italien stattfand, ist es der neuen Verwaltung unter dem Bürgermeister Bassolino und der aktuellen Bürgermeisterin Iervolino gelungen, an die große kulturelle Tradition der Stadt anzuknüpfen. Ein umfangreiches Renovierungsprogramm – initiiert anlässlich des Weltwirtschaftsgipfels 1994 – lässt Stadtpaläste, Parkanlagen und Plätze in neuem Glanz erstrahlen. Fußgängerzonen machen die Stadt freundlicher. Der Ausbau der Metropolitana, der bis zum Jahr 2008 abgeschlossen sein wird, entlastet den Stadtverkehr. Die nicht nur zu den Feiertagen ausgebuchten Hotels zeigen deutlich: Neapel als Städtereiseziel hat in den letzten Jahren sehr an Attraktivität gewonnen. Kunstausstellungen, Museen und die Altstadt sind die neuen Ziele der Besucher. Feste und Konzerte auf der Piazza del Plebiscito sind fester Bestandteil des kulturellen Lebens geworden.

Die monumentale Vorderfront der Barockkirche Gesù Nuovo (→ S. 40) mit dem aufwendig verzierten Portal gehörte ursprünglich zu einem Renaissancepalast.

Der Monat Mai ist als »Maggio dei Monumenti« zum »Kulturmonat« proklamiert worden, in dem seit 15 Jahren viele der oft verschlossenen Kunstschätze Neapels frisch restauriert der Öffentlichkeit zugänglich gemacht werden und eine breite Palette an kulturellen Veranstaltungen und Führungen geboten wird. Hierfür sind allerdings Italienischkenntnisse erforderlich. Informationen unter: www.comune.napoli.it

HOTELS/ANDERE UNTERKÜNFTE
Chiaia Hotel de charme
⤳ Umschlagkarte hinten, c 5
Nur wenige Schritte von der Piazza del Plebiscito entfernt, zeigt dieses kleine Hotel ein nobles Ambiente.
Via Chiaia 216; Tel. 0 81/41 55 55,
Fax 42 23 44; www.hotelchiaia.it;
14 Zimmer ●●● CREDIT

Sansevero Resorts
Umschlagkarte hinten, c/d 2/3
Vier Adelspaläste aus dem 18. Jh. im historischen Zentrum bilden diesen Hotelverbund.
Historisches Zentrum; Tel./Fax 0 81/
7 90 10 00; www.albergosansevero-it;
24 Zimmer ● bis ●● CREDIT

B&B Palazzo Eldorado 🍴🍴
⤳ Umschlagkarte hinten, b 4
Stilvoll eingerichtetes, familienfreundliches B&B, zentral im Chiaia-Viertel.
Piazzetta Mondragone 9;
Tel. 0 81/41 51 22, Fax 19 30 86 68;
www.dimoralandi.it; 2 App. ● ▱

SPAZIERGANG
Bevor man sich in das historische Zentrum begibt, sollte man Neapel zuerst einmal von den Dächern des **Castel Sant'Elmo** oder von der Piazza vor San Martino aus betrachten, um den Aufbau der Stadt zu verstehen. Am besten kann man die Kulturschätze auf den Rundgängen »decumano maggiore« (Via Tribunali) und »decumano inferiore« (Spaccanapoli) im Herzen der griechisch-römischen Altstadt kennen lernen. Sie stellen mit ihren Kirchen und Palästen ein ständig geöffnetes Museum dar. Nach einem Besuch des Doms, der **San Gennaro**, dem Schutzpatron Neapels, geweiht ist, überquert man die Via Duomo und taucht in das lebendige Treiben der Via Tribunali ein. Auf der linken Seite erscheint bald die **Kirche San Lorenzo Maggiore**. Hier biegt man nun links ab und befindet sich in

der Krippenstraße, der **Via San Gregorio Armeno**, in der neben den Werkstätten der Krippenbauer und -restauratoren auch Seidenblumen-binder ansässig sind. Auch ein Besuch der **Kirche San Gregorio Armeno** mit der Klosteranlage und einem schönen Garten bietet sich an.

Danach geht man am Ende der Gasse rechts in die Via San Biagio dei Librai, ein Teilstück von **Spaccanapo-li**. Hier reihen sich Stadtpaläste wie der **Palazzo Marigliano** mit seiner Renaissancefassade, mit mächtigen Portalen, eindrucksvollen Höfen und Treppenaufgängen aneinander. Hat man die **Piazzetta Nilo** mit der Statue des Nilgottes erreicht, spaziert man rechts ein Stück die Via Nilo hinauf und biegt dann links in die Via de Sanctis, in der die **Cappella Sanse-vero** liegt. Am Ende dieser Straße breitet sich die belebte **Piazza San Domenico Maggiore** mit der gleich-namigen Kirche aus. Hier liegt das **Caffè Scaturchio**. Später folgt man der Via B. Croce bis zur Piazza Gesù Nuovo, an der sich die **Chiesa di Santa Chiara** und die Jesuitenkirche **Gesù Nuovo** gegenüberstehen.
Dauer: zwei bis drei Stunden

SEHENSWERTES
L'Acquario 👫
⸱⸱⸱⸱⸱> Umschlagkarte hinten, b 5
In der Villa Comunale (→ S. 33) befin-det sich das älteste Aquarium Euro-pas (gegründet 1872). Die ange-schlossene zoologische Abteilung setzt sich vor allem für die Rettung der großen Schildkröten ein. Die Ein-richtung des Aquariums befindet sich noch im Originalzustand. In den Bas-sins kann man die ehemals reiche Flora und Fauna des Golfs bewun-dern. Im ersten Stock sind monumen-tale Fresken mit schönen Darstel-lungen Neapels von Hans von Marées zu sehen.
Tgl. außer Mo 9–18, So 9.30–19.30 Uhr (Winter bis 17 Uhr); Eintritt 1,50 €, Kinder 1 €

Castel Nuovo
⸱⸱⸱⸱⸱> Umschlagkarte hinten, d 4
Die mächtige Festung wurde von Karl I. von Anjou im 13. Jh. errichtet. Die Anjou waren den Staufern als Her-ren der Stadt nachgefolgt. Das weiße Marmorportal gehört zu den schöns-ten Renaissancearbeiten in Neapel.
Piazza Municipio; tgl. außer So 9–19 Uhr; Eintritt 5 €

Die Piazza del Plebiscito – im Hintergrund die Kirche San Francesco di Paola im klassi-zistischen Stil – ist beeindruckende Kulisse für zahlreiche Events.

Castel dell'Ovo
····⟩ Umschlagkarte hinten, c 6

Die Normannenburg aus dem 12. Jh. beherrscht den malerischen Borgo Marinaio, einen beliebten Treffpunkt mit Cafés und Restaurants.

Tgl. 8–18, So 8–14 Uhr; Eintritt frei

Castel Sant'Elmo
····⟩ Umschlagkarte hinten, b 3

Robert der Weise legte 1343 diese Festung, die über Jahrhunderte als Gefängnis diente, hoch über der Stadt auf dem Vomerohügel an. Der Blick auf Stadt und Golf ist einzigartig.

Tgl. außer Mi 9–18.30 Uhr; Eintritt 3 €

Catacombe di San Gaudioso
····⟩ Umschlagkarte hinten, d 1

Eindrucksvolle Beispiele neapolitanischer Grabkultur des 17. Jh.

Piazza Sanità (Kirche Santa Maria della Sanità); Tel. 0 81/48 32 38; Führungen tgl. 9.30–12.30 Uhr, nachmittags nach Vereinbarung; Eintritt 5 €

Chiesa e Chiostro di Santa Chiara
····⟩ Umschlagkarte hinten, d 3

Die gotische Kirche, deren Innenraum durch seine Schlichtheit besticht, bildet den Mittelpunkt des größten Klosterkomplexes in Neapel. Der Kreuzgang mit seinem Garten und den Majolikabänken ist ein Ort der Ruhe. Der Eingang zum Kreuzgang liegt innerhalb der Klostermauern.

Kirche 8–13 Uhr, Museum und Kreuzgang tgl. 9.30–18.30 (So 14.30 Uhr); Eintritt 4 €

Chiesa del Gesù Nuovo
····⟩ Umschlagkarte hinten, d 2/d 3

Die gewaltige Diamantquaderfassade aus dem 15. Jh. gehörte ursprünglich zum Palazzo Sanseverino. Erst hundert Jahre später wurde der dahinter liegende Innenraum zur Kirche geweiht. In dieser grandiosen Barockkirche kann man einen Eindruck von der tiefen Volksfrömmigkeit gewinnen. Mit Hingabe wird hier der heilig gesprochene neapolitanische Arzt Giuseppe Moscati verehrt.

Piazza del Gesù; tgl. 7–13 und 16–19.30 Uhr

Duomo
····⟩ Umschlagkarte hinten, e 1/e 2

Sehenswert ist vor allem die Cappella di San Gennaro, ein Kleinod neapolitanischer Barockkunst.

Tgl. 8.30–12.30 und 16.30–19 Uhr

Galleria Umberto I
····⟩ Umschlagkarte hinten, c 4

Die in neuem Glanz erstrahlende Einkaufspassage liegt gegenüber dem

Ein einladender und urbaner Ort im Zentrum Neapels: die Piazza Bellini.

*Die eher zurückhaltend ausgestattete mittelalterliche Kirche San Lorenzo Maggiore
fasziniert den Besucher mit ihrem großzügigen, saalartigen Langhaus.*

Theater San Carlo. Sie stammt aus dem 19. Jh., und ihre beeindruckende Glaskuppel ist 56 m hoch.

Marechiaro-Bucht ┈⟩ S. 119, E 5
In einer kleinen Bucht am Fuße des Posillipo, dem südwestlich ins Meer eintauchenden Bergrücken, liegt das ehemalige Fischerviertel Marechiaro, das man von der Via Posillipo abbiegend über die Via Franco Alfano erreichen kann. Von der ehemaligen idyllischen Atmosphäre ist heutzutage zwar nicht viel geblieben, doch kann man hier in kleinen und größeren Restaurants mit Blick über den ganzen Golf die neapolitanische Küche genießen. Besonders die direkt an den Bootsanlegestellen gelegenen Lokale, in denen man zum Teil sogar auf den Bootsstegen speist, garantieren einen romantischen südländischen Abend.

Parco Virgiliano ┈⟩ S. 119, E 5
→ S. 33

Piazza Bellini
┈⟩ Umschlagkarte hinten, d 2
Der Platz, in dessen Mitte sich eine kleine griechische Ausgrabungsstätte befindet, liegt in der Nähe des Konservatoriums und gehört zu den beliebtesten Treffpunkten Neapels. Hier verwöhnen eine Reihe von Cafés und ausgefallene Restaurants ihre Gäste fast rund um die Uhr.

San Giovanni a Carbonara
┈⟩ Umschlagkarte hinten, e 1
Nach langer Renovierung ist diese kleine Kirche mit ihrer bemerkenswerten Innenausstattung und der monumentalen Freitreppe von Ferdinando Sanfelice wieder zu besichtigen.
Via Carbonara; tgl. 9–13 Uhr

San Gregorio Armeno
┈⟩ Umschlagkarte hinten, d 2
Die Kirche mit ihrer dunklen Vorhalle und die Klosteranlage zählen mit den Fresken von Luca Giordano zu den besonderen Kleinoden der Stadt.
Via San Gregorio Armeno; tgl. 9–12, So 9–13 Uhr

San Lorenzo Maggiore
┈⟩ Umschlagkarte hinten, d 2
Eine bedeutende Kirche aus dem Mittelalter. Wunderschön ist der nach französischem Vorbild angelegte Umgangschor mit Kapellenkranz.
Piazza San Gaetano; tgl. 7.45–19.15, So 7.45–13 und 17–19.15 Uhr

Spaccanapoli
····> Umschlagkarte hinten, c 3/e 2

Diese Straße durchschneidet die Altstadt in gerader Linie. Sie beginnt am Fuß des San-Martino-Hügels und war eine der Hauptachsen der griechischen und später römischen Siedlung. Sie ist größtenteils für den Verkehr gesperrt und hat sich zum touristischen Zentrum herausgeputzt. Sehenswert sind die Adelspaläste (mittags geschlossen) mit ihren eindrucksvollen Portalen.

MUSEEN

Cappella Sansevero
····> Umschlagkarte hinten, d 2

Einst Begräbniskapelle der Adelsfamilie Sangro. Die hier untergebrachte Marmorskulptur »Cristo Velato« von Giuseppe Sanmartino ruft Staunen hervor, so täuschend echt ist der transparente Schleier gelungen.

Via de Sanctis 19; tgl. außer Di 10–17.40, So und feiertags 10–13.10 Uhr; Eintritt 6€

Museo Archeologico Nazionale (Archäologisches Museum)
····> Umschlagkarte hinten, c 1/d 1

Das aus dem 18. Jh. stammende Museum beherbergt eine der bedeutendsten archäologischen Sammlungen Europas: u.a. große Skulpturen aus der Antike (Erdgeschoss), eine ägyptische Sammlung (Untergeschoss) und alle in Pompeji, Ercolano, Stabia und Cuma ausgegrabenen Schätze (Zwischen- und Obergeschoss).

Piazza Museo Nazionale 35; tgl. außer Di 9–20 Uhr; Eintritt 6,50€

Museo del Tesoro di San Gennaro
····> Umschlagkarte hinten, e 2

Privates Museum, das den Silber-, Gold- und Juwelenschatz des Stadtheiligen zeigt. In der Sakristei auch Bilder von Luca Giordano.

Via Duomo 149; www. museodeltesorodisangennaro.info; tgl. außer Mo 9.30–17, So 9.30–14.30 Uhr; Eintritt 5,50€

Museo di Palazzo Reale
····> Umschlagkarte hinten, c 5/d 4

In dem einstigen Königspalast der Bourbonen sind prächtig ausgestattete Säle sowie Salons und das Hoftheater zu besichtigen.

Piazza del Plebiscito; tgl. außer Mi 9–19 Uhr; Eintritt 4€

Museo e Galleria Nazionali di Capodimonte
····> Umschlagkarte hinten, nördl. c 1

Im Schloss Capodimonte befindet sich die Nationalgalerie. Ihren Grundstock bildet die Sammlung der Farnese mit Werken von Caravaggio, Raffael oder Michelangelo, für die Karl III. mit dem Schloss repräsentative Räume bauen ließ.

Parco di Capodimonte; tgl. außer Mi 8.30–19.30 Uhr; Eintritt 7,50€ (14–17 Uhr 3,75€)

Museo Nazionale della Ceramica »Duca di Martina«
····> Umschlagkarte hinten, a 4

Der wunderschöne Park der Villa Floridiana bildet den stilvollen Rahmen einer kostbaren Keramik- und Porzellansammlung.

Villa Floridiana, Vomero; tgl. außer Di 9–13 Uhr; Eintritt 2,50€

Museo Nazionale di San Martino
····> Umschlagkarte hinten, b 3

Die berühmte neapolitanische Krippensammlung mit der figurenreichen Cuciniello-Krippe bildet den größten Anziehungspunkt des Museums, das sich in der Kartause von San Martino (14. Jh.) befindet.

Largo San Martino 5, Vomero; tgl. außer Mo 8.30–19.30 Uhr; Eintritt 6€

Museo Zoologico
····> Umschlagkarte hinten, d 3
→ S. 33

PAN – Palazzo delle Arti di Napoli
····> Umschlagkarte hinten, b 4

In einem Adelspalast wurde 2005 das erste neapolitanische Museum für moderne Kunst eröffnet. Die Palette der ausgestellten Werke reicht von der Malerei bis zum Video.

Via dei Mille 60; tgl. außer Di 9.30–19.30, So u. feiertags 9.30–14.30 Uhr; Eintritt 5 €

Villa Pignatelli
····⟩ Umschlagkarte hinten, a 5
An der Riviera di Chiaia gegenüber der Villa Comunale befindet sich in einer schönen Parkanlage eine neoklassizistische Villa, in der Kunstgegenstände und Möbel aus dem 19. Jh. ausgestellt sind. Außerdem Kutschensammlung mit Modellen aus dem 14. bis 20. Jh.

Riviera di Chiaia 200; Tel. 0 81/66 96 75; tgl. außer Di 8.30–13.30 Uhr; Eintritt 2 €

ESSEN UND TRINKEN
Mimì alla Ferrovia
····⟩ Umschlagkarte hinten, f 1
Trotz seiner Lage am Bahnhof gehört das Lokal zu den Spitzenadressen, die sich der traditionellen neapolitanischen Küche verpflichtet fühlen. Die »linguine alla Mimì« sind ebenso köstlich wie die Vorspeisen. Überlassen Sie dem Chef die Wahl der Speisen!

Via A. d'Aragona 19; Tel. 0 81/5 53 85 25; tgl. außer So 12–1 Uhr ●●● CREDIT

Taverna dell'Arte
····⟩ Umschlagkarte hinten, d 3
Kleines Lokal, in dem nach historischen Rezepten der neapolitanischen Küche gekocht wird – vor allem Suppen und Fleisch. Eine Spezialität ist der gefrorene und dann zerstoßene Basilikumlikör.

Rampe S. Giovanni Maggiore 1/a, Nähe Via Mezzocannone; Tel. 0 81/5 52 75 58 (vorbestellen!); tgl. außer So ab 20 Uhr ●● CREDIT

Antica Trattoria »Da Ettore«
····⟩ Umschlagkarte hinten, c 5
Kleines, einladendes Lokal mit Blick auf den kochenden Hausherrn.

Via G. Serra 39; Tel. 0 81/7 64 35 78; tgl. außer So und Mo abends ● CREDIT

Pizzeria Trianon da Ciro
····⟩ Umschlagkarte hinten, e 2
Hier gibt es nur Pizza – diese aber in allen möglichen ausgezeichneten Variationen.

Via Colletta 44/46; Tel. 0 81/5 53 94 26; tgl. außer So ● CREDIT

Caffè Gambrinus
····⟩ Umschlagkarte hinten, c 4
Historisches Café gegenüber der Oper mit guter Atmosphäre.

Das schnellste Fortbewegungsmittel in den Gassen Neapels sind die »motorini«.

Piazza Trieste e Trento; tgl. 8–24 Uhr, auch im Winter durchgehend geöffnet CREDIT

Dolce Idea
····⟩ Umschlagkarte hinten, c 5/a 3
Die mehrfach ausgezeichneten Produkte der Schokoladenfabrik Dolce Idea eignen sich mit ihren ausgefallenen Geschenkpackungen als kulinarisches Mitbringsel besonders gut.
Dolce Idea di Gennaro Bottone; Via Solitaria 7/8 und Via Bonito 2b (Vomero); tgl. außer So

Scaturchio
····⟩ Umschlagkarte hinten, d 2
Der Espresso in diesem Café zählt zu den besten in der ganzen Stadt. Dazu kommt eine große Auswahl an kleinen Kuchen, vorzüglichen Torten und herzhaftem Blätterteiggebäck.
Piazza S. Domenico Maggiore 19; Tel. 0 81/5 51 69 44; tgl. außer Di 7.30–20.30 Uhr CREDIT

AM ABEND
Das Angebot an abendlichen Vergnügungen ist überaus vielfältig und reicht vom Opernbesuch, Lokalen mit Livemusik bis zu Tanzlokalen. Treffpunkt für alle Unternehmungen sind die Cafés und Bars an den Plätzen der Altstadt, wo das Beobachten des abendlichen Treibens allein schon Unterhaltung genug sein kann.

Intra Moenia
····⟩ Umschlagkarte hinten, d 2
Ein literarisches Café, in dem ein großes Angebot von Büchern und Katalogen vor allem den Neapelbesucher zum Blättern und Lesen verführt.
Piazza Bellini 70; Tel. 0 81/29 07 20; tgl. 10–2 Uhr

Kestè ····⟩ Umschlagkarte hinten, d 3
Beliebtes Lokal mit abwechslungsreicher Livemusik am Sonntagabend. Kleine Snacks und gute Cocktails.
Largo S. G. Maggiore Pignatelli 26/27; Tel. 0 81/5 51 39 84; tgl. 8–16 und 20–2 Uhr

SERVICE
Auskunft
Aasct – Touristeninformation
····⟩ Umschlagkarte hinten, c 2/c 4
Hier erhalten Sie das Heft »Napoli Qui«. Es ist kostenlos und erscheint monatlich auf Italienisch und Englisch mit aktuellen Informationen über Ausstellungen, Theater etc.
Piazza del Gesù Nuovo, Tel. 0 81/55 12 70, bzw. Via San Carlo 9, Tel. 0 81/40 23 94; www.napolinapoli.com

Kommunale Touristeninformation
····⟩ Umschlagkarte hinten, c 5
Neben aktuellen Veranstaltungstipps erhält man hier auch »Napoli Qui«.
Piazza Plebiscito (unterm Portikus); Tel. 0 81/2 47 11 23, Fax 7 64 59 32

Ziele in der Umgebung

Baia   ····⟩ S. 118, C 5
Die Gegend wurde wegen ihrer Heilquellen bereits von den Römern geschätzt. Die von ihnen erbauten Luxusvillen sind jedoch größtenteils im Meer versunken. Erhalten blieben die Reste von vier Thermen mit Badesälen sowie luxuriösen Ruheräumen. Freitreppen verbanden die bis zum Meer reichenden Anlagen.
Parco Archeologico di Baia, Via Fusaro 35; Tel. 0 81/8 68 75 92; geöffnet wie Castello di Baia (→ S. 48); Eintritt 4 € (mit Archäologischem Museum im Castello di Baia, Cuma, Pozzuoli)
27 km westl. von Neapel

Capo Miseno 👣👣
····⟩ S. 118, C 6
Das Capo Miseno ist ein steil aus dem Meer aufsteigender Kraterfelsen, hinter dem einst geschützt der römische Kriegshafen von Cumae lag. Von hier aus hat man eine wundervolle Aussicht auf den Küstenabschnitt zwischen Gaeta und Neapel. Der Strand

von Capo Miseno ist außerhalb der Sommermonate vor allem am Wochenende ein beliebter Treffpunkt für Familien mit Kindern. Man kann hier Drachen steigen lassen, Strandspaziergänge machen oder auch einfach von seinem Platz an der Bar aus die Sonne genießen und den Kindern beim Spielen zusehen. Allerdings sind auch Hunde am Strand erlaubt.

20 km südwestl. von Neapel

ESSEN UND TRINKEN

Da Fefé
Sehr südländisch anmutendes Lokal am kleinen Hafen.
Via Miseno 125, Capo Miseno; Tel. 0 81/5 23 30 11; tgl. außer Mo 20–24, Sa/So auch 12–16 Uhr; im Sommer unbedingt vorbestellen ●● CREDIT

Caserta   ····⫶ S. 117, D 2

Einer der größten touristischen Anziehungspunkte im Hinterland von Neapel ist das barocke Königsschloss von Caserta, das in seinen Dimensionen gerne mit dem spanischen El Escorial verglichen wird. Das Schloss (Bauzeit 1752–1774) besitzt 1200 Räume, die sich auf vier Gebäudekomplexe verteilen. Allein die Fassade des Schlosses ist 250 m lang. Karl von Bourbon, Herrscher über die beiden Königreiche von Neapel und Sizilien, ließ hier eines der letzten großen Baudenkmäler des europäischen Absolutismus errichten.

Park tgl. außer Di 9 Uhr bis 1 Stunde vor Sonnenuntergang, Schloss tgl. außer Mo 9–18 (Winter 15.30 Uhr); Eintritt (Kombiticket Park und Schloss) 6 €

20 km nördl. von Neapel

Cuma   ····⫶ S. 118, C 5

Das historische Cumae wurde im 8. Jh. v. Chr. gegründet und gilt als eine der ältesten griechischen Kolonien in Italien. Auf der Höhe des Monte di Cuma liegen die Ruinen der oberen Akropolis, im Osten der Apollotempel und auf dem höchsten Plateau der zur Basilika umgestaltete Zeustempel, von dem man einen herrlichen Ausblick auf Küste und Meer hat. Auch wenn von den antiken Tempeln wenig erhalten blieb, spürt

Dieser Gang, der von Licht aus Seitentunneln erhellt wird, stimmt auf den geheimnisvollen Ort ein, zu dem er führt: die Orakelgrotte (Antro de la Sibilla) von Cuma.

man noch heute den Zauber der Landschaft, der schon die Griechen dazu bewegte, den Ort den Göttern zu weihen. Zum Parco Archeologico in Cuma gehört außerdem die Orakelgrotte (**Antro della Sibilla**) der Sibylle, einer in der Antike berühmten Seherin. Schon Vergil erwähnte sie in seinen Versen. Ausgegraben wurde sie erst 1932 von dem italienischen Archäologen Amedeo Maiuri. Eindrucksvoll ist vor allem der über 100 m lange, trapezförmige Gang, der durch sechs Seitentunnel Licht bekommt und zum ehemaligen Prophezeiungsort führt.

Parco Archeologico di Cuma, Via Acropoli; tgl. 9–16 Uhr, im Winter 9–15 Uhr; Eintritt 4 € (mit Baia und Pozzuoli) 18 km westl. von Neapel

....

Pozzuoli   ⇢ S. 119, D 5

81 500 Einwohner
Stadtplan → S. 47

Zum Gebiet der **Campi Flegrei**, den Phlegräischen Feldern, gehört auch der **Golf von Pozzuoli** mit der gleichnamigen Stadt. Das antike Puteoli entwickelte sich unter römischer Herrschaft im 2. Jh. v. Chr. durch den Orienthandel zu einem der wichtigsten Mittelmeerhäfen. Die zahlreichen Villen der römischen Patrizier sind im Meer versunken, doch allein ein Blick auf das **Anfiteatro Flavio** in der Oberstadt reicht aus, um sich die damalige große Bedeutung der Stadt zu vergegenwärtigen.

Das moderne Pozzuoli erlitt durch das schwere Erdbeben von 1980 große Schäden, die jedoch nicht nur in der Oberstadt, sondern auch in der Altstadt am Hafen wieder behoben worden sind. Die Häuser in den schmalen Altstadtgassen um die **Piazza Repubblica** erstrahlen heute wieder in pompejanischem Rot und hellen Ockertönen. Auch die für Pozzuoli so typischen Hafenlokale haben den Betrieb wieder aufgenommen

und erfreuen sich vor allem im Sommer größter Beliebtheit. Allein im noch immer abgesperrten Altstadtviertel **Rione Terra** dauern die Renovierungsarbeiten an. Dabei wurde die gesamte römische Stadt wieder entdeckt und zum Teil freigelegt. Seit kurzem sind die Ausgrabungen am Wochenende zu besichtigen.

15 km westl. von Neapel

HOTELS/ANDERE UNTERKÜNFTE

Wer Pozzuoli und die Phlegräischen Felder besuchen möchte, dem empfiehlt sich ein Quartier in der Umgebung der Stadt. Alle hier beschriebenen Hotels verfügen über eigene Parkplätze.

Club Cala Moresca   ⇢ S. 118, C 5

Das kleine Hotel in ruhiger Lage kann mit Meerblick, Garten und Swimmingpool aufwarten. Guter Ausgangspunkt, um mit dem Wagen die Umgebung zu erkunden.

Via Faro 44, Capo Miseno (Bacoli); Tel. 0 81/5 23 55 95, Fax 5 23 55 57; www.calamoresca.it; 36 Zimmer ●● CREDIT 🐕

Villa Giulia   ⇢ S. 118, C 5

Renoviertes, stilvoll ausgestattetes Landhaus mit Gartenanlage. Auf Anfrage kann man hier auch speisen.

Via Cuma Licola 178, Cuma (7 km von Pozzuoli); Tel. 0 81/8 54 01 63, Fax 8 04 43 56; www.villagiulia.info; 6 Zimmer ● CREDIT 🐕

SEHENSWERTES

Anfiteatro Flavio   ⇢ S. 47, b 2

Das Amphitheater ist das am besten erhaltene antike Monument der Stadt und das drittgrößte antike Theater Italiens. Es wurde im 1. Jh. n. Chr. zur Zeit der Flavier erbaut. Von den ehemals drei Zuschauerreihen sind allerdings nur noch zwei erhalten geblieben. Hier fanden zur Römerzeit über 30 000 Zuschauer Platz. Von den ehemals drei Arkadengeschossen der Außenfront stehen nur noch einige Reste, da das Gebäude über Jahrhunderte hinweg als Steinbruch diente. Ähnlich wie beim Kolosseum in Rom erhob sich ursprünglich über dem Hauptsims des Theaters eine Mauer mit Säulengalerie.

Via dell'Anfiteatro; tgl. Feb.–Okt. 9–16, Winter 9–15 Uhr; Eintritt 4 € (mit Baia und Cuma)

Fischmarkt   ┅┅> S. 47, a 2

Am Wochenende und in den frühen Morgenstunden herrscht auf dem Markt von Pozzuoli ein buntes Treiben. Die Händler preisen lautstark ihre fangfrische Ware, bestehend aus Muscheln und Seeschnecken, Garnelen, Tintenfischen, Kraken, Meerbarben, Glatthaien, Goldbrassen, Langusten, Tunfischen, getrockneten Klippfischen und vielen anderen Arten, an. Ein sehenswertes Spektakel mit viel südlich-temperamentvoller Atmosphäre, das man auf gar keinen Fall verpassen sollte.

Tgl. 7–12 Uhr, je nach Nachfrage und Jahreszeit

Rione Terra – Ausgrabungsstätte
                                ┅┅> S. 47, a 3
Tempel, Decumani und öffentliche Gebäude der römischen Stadt unter dem Altstadtviertel sind zu besichtigen. Am interessantesten ist der Augustustempel unterhalb des barocken Doms San Procolo.

Aufsehen erregend war im Jahr 2004 die Entdeckung unzähliger kleiner Räume mit erotischen Wandmalereien, die – so vermutet man – zu einem der größten Bordelle des Römischen Reichs gehörten.

Info: Largo Sedile di Porto, Pozzuoli; Sa/So 9–18 Uhr; Eintritt 3 €

Tempio di Serapide ⋯⋙ S. 47, a 2
Diese Ruinen wurden irrtümlicher-
weise erst für einen Tempel gehalten,
da hier die Statue der ägyptischen
Gottheit Serapis gefunden wurde. Es
handelt sich jedoch um die großartig
angelegte viereckige Markthalle der
antiken Stadt, in der Rom nach den
Punischen Kriegen fast seinen gesamten Handel (unter anderem kostbare Gewürze und Stoffe) mit Grie-
chenland und dem Orient abwickelte.
Der Innenhof der Markthalle war von
vielen Bogengängen mit Geschäften
umgeben. An den mit Bohrmuscheln
bedeckten Säulen der Anlage konnte
festgestellt werden, dass der »Tempel« im Mittelalter bis zu 5 m tief im
Meer gelegen haben muss.

Ein Beweis für den hier herrschen-
den so genannten Bradisismus, der
für die Hebungen und Senkungen des
Bodens verantwortlich ist. Nachdem
die Anlage jahrzehntelang über dem
Meeresspiegel gelegen hatte, befindet sich der Boden des antiken Mark-
tes nach einer letzten Absenkungs-
periode wieder teilweise unter Wasser. Das Betreten der Anlage ist daher
nicht möglich. Sie ist aber von allen
Seiten einsehbar.
Piazza Serapide

Museen
**Museo Archeologico dei Campi
Flegrei di Baia** ⋯⋙ S. 118, C 5
In der Burg von Baia, die auf einer
Kuppe über dem Meer liegt, wurde
1993 ein kleines archäologisches Museum eingerichtet. So kann man in
zwei Sälen Reste eines Tempels und
andere Ausgrabungsstücke aus dem
Altertum besichtigen, die im Gebiet
der Phlegräischen Felder gefunden
wurden. In einem dritten Saal werden
die neuesten Funde ausgestellt: Teile
großer römischer Statuen, die aus der
im Meer versunkenen Villengegend
stammen. Ähnlich wie das Castel
dell'Ovo in Neapel wirkt die Burg wie
eine kleine mittelalterliche Stadt mit
Straßen und Plätzen, die jedoch – ab-
gesehen von den Museumsgebäu-
den – größtenteils dem Verfall preis-
gegeben und zurzeit nicht zu besichtigen sind.
**Castello di Baia; tgl. außer Mo 9–19
(April–Okt.), 17.30 letzter Einlass, Winter**

*Dante Alighieri ließ sich hier, in der Vulkanlandschaft der Phlegräischen Felder,
der Campi Flegrei, angeblich zu seinem »Inferno« inspirieren.*

Ein »höllisches« Vergnügen ist die Solfatara mit ihren Schwefeldämpfen.

9–13 Uhr; Eintritt 4 € (2 aufeinander folgende Tage gültig mit Archäologischem Park von Baia, Cuma, Pozzuoli)

ESSEN UND TRINKEN
La Cucina di Ruggiero
·····⟩ S. 118, C 5

Dieses Lokal liegt direkt am Lago Lucrino und erhält eine besondere Atmosphäre durch seinen Chef, der ausgefallene Gerichte nebst der Geschichte des Ortes gern erklärt.
Via intorno al Lago Lucrino 3; Tel. 0 81/8 68 74 73; außer Fr/Sa/So nur abends geöffnet ●● CREDIT

Il Gozzetto
·····⟩ S. 47, a 3

Cafeteria am Fischerhafen von Pozzuoli. Hier werden neben kleinen Snacks auch Cocktails serviert. Auch abends ein beliebter Treffpunkt.
Via S. Paolo 16, Porto di Pozzuoli; Tel. 0 81/5 26 95 63; www.ilgozzetto.com; tgl. 8–2 Uhr ● CREDIT

SERVICE
Auskunft
Aasct – Touristeninformation
·····⟩ S. 47, nördl. a 1

Largo Matteotti 1A;
Tel./Fax 0 81/5 26 50 68

Solfatara
·····⟩ S. 119, D 5

Auf dem Weg von Neapel nach Pozzuoli kommt man an der Solfatara, dem bekanntesten vulkanischen Phänomen der **Phlegräischen Feldern** (Campi Flegrei), vorbei: eine eindrucksvolle Schwefelgrube, die den Krater eines erlöschenden Vulkans ausfüllt. Wegen seiner dampfig-düsteren Atmosphäre bezeichnet man das Gebiet auch als Vorhölle. Im Kraterhof steigen Dämpfe und Schwefelgase auf, und kleine Fumarolen stoßen heißen Schlamm aus. Die Fumarolen, Solfataren (Gasexhalationen mit Schwefelverbindungen) und Mofetten (sie stoßen Kohlendioxid aus) sind typische Erscheinungen für die Ruhephase eines Vulkans. Besucher mit empfindlicher Nase sollten sich wegen des penetranten Schwefelgeruchs ein Tuch vor das Gesicht halten. Man sollte die vorgegebenen Wege keinesfalls verlassen, da man sonst Gefahr läuft, sich zu verbrühen.
Vulcano Solfatara, Via Solfatara 161, Pozzuoli; tgl. 8.30 Uhr bis eine Stunde vor Sonnenuntergang; Eintritt 5,50 € 11 km westl. von Neapel

Pompeji und Ercolano

Die Ruinen dieser römischen Städte bieten einzigartige Einblicke in das Leben der Antike.

Die meisterhaften Fresken in der pompejanischen Villa dei Misteri (→ S. 54) zeugen von Reichtum und Kultiviertheit der untergegangenen Stadt.

Das blühende Leben der antiken Städte Pompeji und Herculaneum (Ercolano) wurde durch den Vesuvausbruch im Jahr 79 n. Chr. ausgelöscht. In Ercolano ließ der österreichische Fürst d'Elbœuf 1709 bis 1716 die ersten Grabungen mittels Stollen durchführen und entfernte alle Statuen aus dem Theater. Auch als 1748 unter dem Bourbonen **Karl III.** die Ausgrabungen in Pompeji begannen, lag das Interesse vor allem an der Bergung von Kunstschätzen, Gold und Schmuck. Erst 1864 wurden Grabungsmethoden eingeführt, die die Gebäude schützten und die Dokumentation antiken Lebens in den Mittelpunkt stellten. Beide Orte sind über die Autobahn oder mit der Circumvesuviana (Linie Neapel–Sorrento) leicht zu erreichen.

Pompeji   ····≽ S. 120, B 10

26 100 Einwohner
Karte → S. 53

Zum Zeitpunkt der Tragödie war Pompeji eine reiche und selbstständige Hafen- und Handelsstadt, die unter einer 6 m hohen Aschenschicht begraben wurde. Bis heute ist sie noch nicht vollständig freigelegt. Man fand mehrstöckige öffentliche Gebäude, Tempel, Läden und Tavernen. Eine Vielzahl vornehmer Villen mit kostbaren Innenausstattungen bezeugen den luxuriösen Lebensstil der Pompejaner. Die Fundstücke der älteren Ausgrabungen sind heute im **Museo Archeologico Nazionale** in Neapel (→ S. 42) zu sehen.

Hotels/andere Unterkünfte

Albergo Calypso   ····≽ S. 53, östl. d 3
Das kleine, moderne Hotel steht unter deutscher Leitung. Von hier aus sind es lediglich zehn Minuten zu Fuß bis zum Haupteingang der Ausgrabungen von Pompeji.
Via Mazzini 93; Tel. 0 81/8 50 54 45, Fax 8 50 43 90; www.hotelcalypsopompei.it;
10 Zimmer ●● CREDIT 🐕

Forum   ····≽ S. 53, östl. d 3
Mit seinen komfortabel ausgestatteten Zimmern und seinem Garten gehört das Hotel unstrittig zu den besten in Pompeji. Es befindet sich im Stadtzentrum. Bis zur Ausgrabungsstätte Pompei Scavi sind es etwa 100 m.
Via Roma 99; Tel. 0 81/8 50 11 70,
Fax 8 50 61 32; www.hotelforum.it;
36 Zimmer ●● CREDIT ♿ 🐕

Spaziergang

Für die Besichtigung sollte man sich wenigstens einen halben Tag Zeit lassen. Feste Schuhe sind Voraussetzung, um die Größe der Anlage nebst dem antiken Straßenpflaster aus Lavaplatten zu bewältigen. Es lohnt sich, am Eingang einen Plan der Ausgrabungsstätte zu kaufen.

Geht man am Haupteingang hinein, erreicht man zunächst durch das Stadttor **Porta Marina** die Via Marina. Sie führt zum **Forum**, dem von zweigeschossigen Säulenhallen gerahmten Hauptplatz der antiken Stadt, der von öffentlichen Gebäuden umgeben ist. Der marmorne Türrahmen am **Edificio di Eumachia**, dem Sitz der Tuchhändlerzunft, ist eine besonders schöne Arbeit. Im Norden des Forums steht der **Tempio di Giove** (Jupitertempel). In den dahinter liegenden Straßen befinden sich einige der sehenswertesten Gebäude Pompejis. Zunächst trifft man auf die **Terme del Foro**. Ganz in der Nähe liegt auch die **Casa del Fauno**. Hält man sich von hier aus rechts, kommt man zur **Casa del Labirinto**.

Gleich daneben biegt man in die Gasse Vico dei Vettii ein, um dort die vornehm ausgestattete Villa **Casa dei Vettii** zu besuchen. Wie man auf den Fresken des Hauses der Brüder Vettii sehen kann, wurden damals in Pompeji Rosen gezüchtet, aus deren Blättern man Parfüm herstellte. Dieser Teil der Ausgrabungen wird übrigens meist zum Ziel der Gruppenreisenden. Wer dem Gedränge entrinnen möchte, kann auch vom Forum aus der einstigen Hauptgeschäftsstraße Via dell'Abbondanza in Richtung der neueren Ausgrabungen und **Amphi-theater** folgen. Schlägt man diesen Weg ein, sollte man die größten Thermen des antiken Pompeji, die **Terme Stabiane**, besichtigen. Geht man von dort die Via Stabiana in südlicher Richtung, gelangt man zu den beiden Theatern der Stadt. Sie konnten 5000 (Theater) bzw. 900 (Odeum) Zuschauer aufnehmen.

Bei den neuen Ausgrabungen sollte man keinesfalls einen Besuch der kostbar eingerichteten Villa **Casa di Loreius Tiburtinus** versäumen. Sie besitzt einen für den Isiskult gestalteten Garten.

www.pompeisites.org; Pompei Scavi ist von April–Okt. von 8.30–19.30 (letzter Einlass 18.30) und von Nov.–März von 8.30–17 (letzter Einlass 15.30 Uhr) geöffnet; Eintritt 11 € (Sammelticket für alle Ausgrabungsstätten, 3 Tage gültig, 20 €). Für Besichtigungen der neu eröffneten Terme Suburbane, einer luxuriösen Thermenanlage mit erotischen Wandmalereien, der Casa del Meandro, einer der größten Villen Pompejis, und der Casa degli Amori dorati kann man sich – ohne Aufpreis – anmelden unter www.arethusa.net

Das gut erhaltene Fresko »Der Bäcker und seine Frau« aus Pompeji ist einer der Glanzpunkte des Museo Archeologico Nazionale (→ S. 42) von Neapel.

SEHENSWERTES

Casa del Fauno   ┄┄⟩ S. 53, a 2/b 2

Die Bronzefigur eines tanzenden Fauns gab dieser großen, eleganten Stadtvilla den Namen. Sie besitzt für jede Jahreszeit ein eigenes Speisezimmer, zwei Badeanlagen und mehrere Empfangsräume, deren Original-Mosaiken im Nationalmuseum von Neapel zu besichtigen sind. Berühmt ist das Mosaik der Alexanderschlacht.

Casa di Loreius Tiburtinus
┄┄⟩ S. 53, c 2/d 2

Diese vornehme Villa gehörte einem Magistratsbeamten, der außerdem das Amt eines Isispriesters innehatte. Der Eingang liegt zwischen zwei Geschäften, an den Seitenwänden befinden sich Steinbänke für die Kunden. Neben den wunderschönen Wandmalereien ist die Gestaltung des Gartens hervorzuheben. Durch seine Mitte verläuft ein Kanal, der bei Festen zu Ehren der Göttin Isis die Überschwemmungen des Nils versinnbildlichte.

Casa dei Vettii   ┄┄⟩ S. 53, a 1

Dieses Haus gehörte zwei Brüdern, deren Reichtum im Weinhandel begründet lag. Es gehört zu den schönsten Gebäuden, da es neben einem nach antiken Vorbildern bepflanzten Innenhof auch Einrichtungsgegenstände und Statuen zeigt. Besonders reizend sind die Amorettenfresken im Speisesaal. Leider muss die Casa dei Vettii zurzeit wegen Restaurationsarbeiten geschlossen bleiben (voraussichtlich bis 2008).

Edificio di Eumachia ···> S. 53, b 2/b 3

In diesem Gebäude mit einem zweigeschossigen Säulenhof hatte die
Innung der pompejanischen Tuch-
händler und Stofffärber ihren Sitz.
Ein besonders schönes Detail ist hier
das mit zarten Pflanzen und Tieren
geschmückte Relief aus Marmor am
Hauptportal des Hauses.

Lupanaro ···> S. 53, b 2

Bei diesem sehr gut erhaltenen zwei-
stöckigen Eckhaus handelt es sich um
eines der 25 Freudenhäuser der antiken Stadt. Es wurde nach den Lock-
rufen der Prostituierten benannt, die
angeblich wie Wölfe heulten, um Kunden anzulocken. In den Kammern sind
erotische Wandmalereien zu sehen.

Villa dei Misteri

⸱⸱⸱⸱> S. 53, nordwestl. a 2

Die wichtigste Villa des antiken Pompeji befindet sich etwas außerhalb des Stadtgebietes (Zugang nur über das Ausgrabungsgelände). Sie war im Besitz der kaiserlichen Familie und stellt ein meisterhaftes Beispiel für eine luxuriöse römische Landvilla dar. Im herrschaftlichen Speisezimmer kann man sich durch das größte erhaltene Fries, dessen 29 lebensgroße Figuren das Ritual eines Mysterienkultes darstellen, in die Antike zurückversetzen lassen.

MUSEUM

Antiquarium-Museum von Boscoreale 👫   ⸱⸱⸱⸱> S. 120, B 10

In diesem kleinen Museum, das sich etwas nordwestlich von Pompeji, in Boscoreale, befindet, wird der Alltag in der Antike anschaulich dargestellt. In den Schaukästen sind u. a. medizinisches Gerät, Haarspangen, Kämme und Parfumflakons ausgestellt. Aufgrund seiner Anschaulichkeit auch für Kinder geeignet. Nur mit dem Auto zu erreichen.

Via Settetermini 15; tgl. 8.30–19.30, im Winter bis 17 Uhr; Eintritt 5,50 €

ESSEN UND TRINKEN

Il Principe   ⸱⸱⸱⸱> S. 53, östl. d 3

Ganz in der Nähe der großen Basilika des modernen Pompeji liegt dieses renommierte, stilvoll klassizistisch eingerichtete Restaurant mit vorzüglicher Küche.

Bartolo Longo 8; Tel. 0 81/8 50 55 66, Fax 8 63 33 42; tgl. außer Mo ●●● CREDIT

Hostaria del Gallo Nero

⸱⸱⸱⸱> S. 53, südöstl. c 3

Einfaches, für seine gute regionale Küche bekanntes Lokal im Zentrum von Pompeji.

Viale Mazzini 116/118; Tel. 0 81/ 8 63 00 34; tgl. außer Mi ● CREDIT

Zì Caterina   ⸱⸱⸱⸱> S. 53, d 3

Restaurant und Pizzeria zugleich, gibt es für jeden Wunsch verschiedene Menüangebote inklusive Fisch- und Meeresfrüchtegerichten.

Via Roma 20; Tel. 0 81/8 50 74 47; www.zicaterinapompei.it; tgl. außer Di ● CREDIT

Am 24. August 79 n. Chr. wurde Pompeji mit 20 000 Einwohnern unter der Asche des Vesuv begraben. Der Glanz der Stadt lässt sich heute noch erahnen.

Die Marktstände vor der Ausgrabungsstätte sollte man meiden, denn im Shop neben der Kasse oder dem des Museo Nazionale findet man eine größere und bessere Auswahl.

Ausgrabungen – Info
Scavi archeologici ····⫸ S. 53, a 3
Porta Marina; Tel. 0 81/8 57 53 47

Auskunft
Aasct – Touristeninformation
····⫸ S. 53, a 3
Via Sacra 1; Tel. 0 81/8 50 72 55,
Fax 8 63 24 01; www.pompeusites.org

Ziele in der Umgebung

Ercolano ····⫸ S. 119, F 5

58 700 Einwohner

Das antike Herculaneum, dem Herkules seinen Namen gegeben haben soll, war es kleiner und weniger bedeutsam als Pompeji. Nach dem Ausbruch des Vesuv im Jahre 79 folgte ein starker Regen, der eine Lava- und Schlammlawine auslöste. Unter diesem später zu Tuff erhärteten Gemisch wurde die Stadt meterhoch begraben. Holzkonstruktionen und Einrichtungsgegenstände sind deshalb auf einzigartige Weise erhalten geblieben, und so sind es vor allem die Zeugnisse der Wohn- und Arbeitswelt der einfachen Leute aus der römischen Kaiserzeit, die Ercolano interessant machen.

Ein großes Problem stellt die Konservierung dar: Durch Umwelteinflüsse sind ständig Renovierungsarbeiten vonnöten, so dass dem Besucher nicht immer alle Häuser mit den darin belassenen Arbeitsgeräten, Möbeln, Mosaikfußböden und Wandmalereien zugänglich sind. Eine Reihe von hier gefundenen Kostbarkeiten ist auch im **Museo Archeologico** in Neapel zu besichtigen.
10 km nordwestl. von Pompeji

MERIAN-Tipp

⭐5 Ville Vesuviane

Zur Zeit der Bourbonenherrschaft war es bei den neapolitanischen Adligen in Mode gekommen, sich am Fuß des Vesuv prachtvolle Villen mit Gärten als Sommerresidenzen zu bauen. Diese Luxusresidenzen gaben der Straße, die von Portici über Ercolano nach Torre del Greco führt, den Beinamen »Goldene Meile« – Miglio d'Oro. Das schönste dieser spätbarocken Baudenkmäler, die **Villa Campolieto**, ist in Ercolano zu besichtigen. In ihrem offenen Portikus findet alljährlich im Juli ein Kulturfestival mit Konzerten statt.

Villa Campolieto, Corso Resina 283; Tel. 0 81/7 32 21 34; tgl. außer Mo 10– 13 Uhr; Eintritt frei ····⫸ S. 119, F 5

Die Ausgrabungen im antiven Herculaneum (**Ercolano Scavi**) können von April–Okt. tgl. 8.30–19.30 (letzter Einlass 18 Uhr), von Nov. bis März tgl. 8.30–17 (letzter Einlass 15.30 Uhr) besichtigt werden.
Eintritt 11 €, Sammelticket für alle Ausgrabungsstätten 20 €, 3 Tage gültig

Casa dei Cervi
Das »Haus der Hirsche« ist die größte und prächtigste Villa innerhalb der Ausgrabungen. Sehenswert sind sein überdachtes Atrium und die Wirtschaftsräume mit den darüber liegenden Kammern der Sklaven. Der schön bemalte Portikus verläuft als Gang mit Fenstern rund um den Garten. Im südlichen Teil der Villa liegen eine Pergola und eine freie Terrasse, von der aus man einst den Golf überblicken konnte.

Casa a Graticcio
Das Gebäude zeigt eindrucksvoll die Bedingungen, unter denen einfache Leute hier wohnen mussten. In die-

sem Fachwerkhaus lebten mehrere Familien. Das Mietshaus besteht aus kleinen Wohnungen im ersten Stock und einem Handwerksbetrieb mit Laden im Erdgeschoss. Interessant ist der Größenvergleich zwischen den Villen der reichen Bürger und diesen engen Mietwohnungen.

Casa del Mosaico di Nettuno e di Anfitrite

Dieses Haus gehörte einem reichen Ölhändler, dessen Laden im Erdgeschoss mit allem Zubehör erhalten ist und einen guten Einblick ins römische Leben gibt. Im reizvollen Innenhof sind die Reste von drei Liegebänken zu erkennen. Die Rückwand zeigt mit Mosaik geschmückte Nischen und in die Wand eingefügte Theatermasken. Hervorzuheben ist das Wandmosaik von Neptun und seiner Frau Amphitrite, das dem Haus seinen Namen gab.

Casa del Tramezzo di Legno

Dieses vornehme Haus befindet sich gegenüber den Thermen. Die Front ist – mit Resten des hellen Außenputzes – bis zum oberen Stockwerk erhalten geblieben. Die Treppe zum Obergeschoss befindet sich außerhalb des Gebäudes und hat einen eigenen Eingang. Man betritt das Haus durch ein hohes Atrium. Seinen Namen verdankt es einer einzigartigen, im Originalzustand erhaltenen hölzernen Zwischenwand mit Flügeltür, die das Atrium von den Wohn- und Speiseräumen trennte.

Terme Suburbane

Diese Vorstadtthermen, die erst kurz vor dem Ausbruch des Vesuv errichtet wurden, liegen, von Häusern und Stadtmauern überbaut, an der Meerseite der Stadt. Sie besitzen eine Badeabteilung ausschließlich für Männer. Eindrucksvoll ist der Eingang durch das Atrium, das durch einen Lichtschacht erhellt wird. Von hier aus erreicht man die einzelnen, verschieden großen Räumlichkeiten: Zu sehen sind zum Beispiel noch die Becken für kalte, warme und heiße Bäder sowie der Schwitzraum. Marmorplatten und Stuck schmücken die Wände der Baderäume.

Die Ausgrabungsstätte von Ercolano vergegenwärtigt den Alltag der einfachen Leute, Bauern und Handwerker während der römischen Kaiserzeit.

Verspielte Wandmalereien und Fresken aus dem 1. Jahrhundert v. Chr. zieren die Räume der Villa Oplontis in Torre Annunziata (→ S. 58).

Villa dei Papiri

Dieses Haus, das erst seit kurzem zugänglich ist, gehörte zu den Villen der wohlhabenden Römer, die sich in der Umgebung des antiken Herculaneum angesiedelt hatten. Sie wurde bereits im 18. Jh. entdeckt und erforscht und erhielt ihren Namen durch die dort gefundenen 1000 Papyrusrollen, die sich heute im Museo Archeologico Nazionale in Neapel befinden (→ S. 42). Das Gebäude liegt etwa 30 m unterhalb der modernen Stadt. Es können verschiedene Wohn- und Aufenthaltsräume mit Fresken und Mosaiken besichtigt werden.

Zurzeit geschl.; ansonsten Anmeldung unter www.arethusa.net; kein Aufpreis

ESSEN UND TRINKEN

Pizzeria Campolieto

Nur wenige Schritte von der herrlichen Villa Campolieto (→ MERIAN-Tipp, S. 55) entfernt liegt diese einfache, viel besuchte Pizzeria.

Corso Resina 370; Tel. 0 81/7 39 64 98; tgl. außer Mo 12–16 und 20–24 Uhr ● CREDIT

SERVICE

Ausgrabungen

Scavi archeologici

Piazza Museo 1, Ercolano; Tel. 0 81/7 32 43 33

Portici

⤏ S. 119, F 5

Hier ließ sich Bourbonenkönig Karl Anfang des 18. Jh. eine Sommerresidenz erbauen, deren lang gestreckter Park bis ans Meerufer reichte. Sein Hof folgte ihm, und über hundert weitere herrschaftliche Sommerresidenzen entstanden in dieser unvergleichlich schönen Gegend zwischen Vesuv und Meer. Im Schloss befindet sich heute eine Fakultät der Università degli Studi di Napoli Federico II.

In Portici selbst lohnt sich ein Besuch der Hauptkirche mit ihrer Doppelturmfassade. Sie stammt aus dem 17. Jh. und ist der S. Maria della Natività geweiht. Sie befindet sich auf der Piazza S. Ciro. Das Hochaltarbild (Darstellung der Geburt Marias) stammt von dem neapolitanischen Maler Luca Giordano.

18 km nordwestl. von Pompeji

MUSEEN

Museo Ferroviario Nazionale di Pietrarsa 👨‍👩

In diesem Eisenbahnmuseum, unweit von Portici, auf einem sehr weitläufigen Gelände direkt am Meer, sind Dampflokomotiven und Waggons der italienischen Eisenbahn ausgestellt. Bei einem Besuch sollte man nicht den Bahnhof von Portici vergessen. Hier befand sich die Endstation der ersten italienischen Eisenbahnlinie Neapel–Portici.

Corso San Giovanni a Teduccio, Pietrarsa; zurzeit wegen Renovierung geschl.

··

Torre Annunziata
·····> S. 120, A 10

Als Alternative zum weitläufigen Pompeji bietet sich das überschaubare archäologische Gebiet der **Villa Oplontis** an. Nach der Autobahnabfahrt Torre Annunziata folgt man dem Hinweisschild Scavi di Oplonti. Die Ausgrabungsstätte dieses weitläufigen Villenkomplexes steht in starkem Kontrast zum umliegenden Industriegebiet. Der Besuch der Anlage, in der wunderschöne Fresken und ein antikes Schwimmbad zu sehen sind, ist ein besonderes Erlebnis.

Via Sepolcri; Tel. 0 81/8 62 17 55; tgl. geöffnet wie Pompeji; Eintritt 5,50 € (mit Antiquarium-Museum, → S. 54) 4 km westl. von Pompeji

··

Vesuv
·····> S. 120, A 9

Der einzige, heute noch tätige Vulkan auf dem europäischen Festland beherrscht mit seiner typischen Silhouette den Golf von Neapel. Obwohl seine Hänge vor allem im unteren Teil mit üppiger Vegetation bewachsen sind, ist der Vesuv kein wirklich erloschener Vulkan. Seine Aktivität steht deshalb unter ständiger Kontrolle des Observatoriums. Dieses liegt in 600 m Höhe und registriert – als weltweit erste Vulkanbeobachtungsstation – bereits seit 1845 jede Veränderung im Innern des Berges. 1944, beim letzten heftigen Ausbruch des Vesuv, strömten heiße Lavamassen herab. Noch heute ist der erkaltete Lavastrom auch aus der Entfernung deutlich sichtbar: Er zieht sich als graues Band den Berghang hinab.

Darüber hinaus macht der Vesuv auf den Betrachter auch einen besonderen Eindruck, weil der heutige Vulkankegel relativ klein ist: Er wächst aus der Mitte eines Kessels hervor, der – so vermuten die Geologen – nach dem gewaltigen Ausbruch von 79 n. Chr., der Pompeji zerstörte, übrig geblieben ist. Seine Reste kann man noch als Kraterwand des heutigen Monte Somma erkennen. So hat sich zwischen dem älteren Monte Somma und dem heutigen Vesuv ein tiefes Tal gebildet, durch das ein Teil des Aufstiegs zum Krater führt. In früheren Zeiten nannte man den Anfang dieses Tals »Atrio del Cavallo« (Vorplatz für die Pferde), weil die Reisenden der »grand tour« des 18. Jh. – darunter auch der junge Goethe auf seiner Italienreise – dort ihre Pferde zurücklassen mussten und entweder zu Fuß oder auf den starken Schultern der einheimischen Träger das letzte, steilste Stück bewältigten. Im weiteren Verlauf heißt das Tal dann »Valle dell'Inferno« (Höllental) – ein sehr treffender Name, wenn man die Temperaturen bedenkt, die über der schwarzen Asche im Sommer über 50 Grad erreichen können.

Trotz der Gefahr, in der Ansiedlungen hier seit jeher schweben, haben sich die Menschen niemals zurückhalten lassen, zu Füßen des Vulkans zu leben und zu arbeiten. Tatsächlich ist Vulkanboden aufgrund seiner besonderen Zusammensetzung äußerst fruchtbar, dazu kommt das milde Klima, das hier mehrere Ernten pro Jahr garantiert.

Nach dem letzten Ausbruch verschwand die Rauchfahne über dem Vesuv, bislang sein charakteristisches Merkmal. Als Zeichen seiner fortdauernden Aktivität blieben lediglich die rauchenden Fumarolen, die einen leichten Schwefelgeruch verströmen und zwischen 80 und 500 Grad heiß sind.

Auf den Vesuv gelangt man am einfachsten von Ercolano oder Torre del Greco aus. Eine gut beschilderte Straße führt vorbei an Pizzerien und Restaurants, die bei den Neapolitanern sehr beliebt sind, und zieht sich dann in immer enger werdenden Kurven durch Weingärten, weiter oben dann durch Ginsterwälder (deren Blüte im Mai/Juni als leuchtend gelbes Band weithin sichtbar ist) und Pinienhaine, vorbei am Lavastrom von 1944 bis auf ca. 1000 m Höhe. Hier ist der Parkplatz, und nun geht es nur noch zu Fuß weiter. Der Temperaturwechsel zu Neapel, das auf Meereshöhe liegt, ist deutlich spürbar, aber der gut 20 Minuten lang steil ansteigende Fußweg durch die weiche, rutschige Lavaasche bringt ins Schwitzen (festes Schuhwerk ist angeraten!). Doch die Anstrengung lohnt sich: Vom Kraterrand hat man bei klarem Wetter und vor allem in den Morgenstunden einen atemberaubenden Blick über den gesamten Golf. Der Krater bietet sich für eine halbe Umrundung an: Von der äußersten, begehbaren Stelle aus sind dann auch die Ausgrabungen von Pompeji er-

kennbar, die sich als lang gezogenes bräunliches Areal inmitten der modernen Städte und der grünen Felder der Ebene abheben.

Die blühende, ländliche Zone an den Berghängen des Vesuv bildet seit jeher den Stolz und den Reichtum der Gegend. Die hoch geschätzten Weinberge, von denen der berühmte Lacrima Christi del Vesuvio kommt, die blühenden Obst- und Gemüsekulturen, der farbenprächtige, üppige Reichtum der Gärten und die weiten, dicht mit Ginster und Pinien bewachsenen Flächen bilden einen außerordentlich faszinierenden Kontrast zur öden Sterilität des Vulkankegels.

www.guidevesuvio.it; eine der Haltestellen für Busse, die zum Vulkan fahren, liegt an der Station der Circumvesuviana in Ercolano; tgl. nur 8.25 Uhr Abfahrt (Rückfahrt 12.25 Uhr); hier gibt es auch Sammeltaxis, die pro Person 10 € kosten; von der Piazza Anfiteatro in Pompeji fahren ebenfalls tgl. ab 9.30 Uhr Busse zum Vesuv (7,60 € Hin- und Rückfahrt); Eintritt zur Besichtigung des Kraters 6,50 € Etwa 21,5 km nordwestl. von Pompeji

Die Wanderung zum Krater des Vesuv, aus dem Schwefeldämpfe emporsteigen, ist ein spannendes und ein wenig unheimliches Naturerlebnis.

Amalfi und Amalfiküste

Amalfi, Positano, Sorrento ... Namen, die die Sehn-
sucht nach mediterranen Küsten wecken.

*Der ehemalige Fischerort Positano (→ S. 63), einst vor allem von ausländischen
Künstlern aufgesucht, ist heute ein exklusives Ferienziel für Genießer.*

An der Südseite der Sorrentiner Halbinsel – zwischen Positano und Vietri sul Mare – verläuft die Costiera Amalfitana, die ihren Namen von der Stadt Amalfi erhielt. Vollkommene Naturlandschaften und Exklusivität zeichnen diese Küste aus, die sich für eine Autotour anbietet (→ S. 94). Wer dem Zauber der Orte erliegt, sollte länger bleiben und auch das reizvolle Hinterland erkunden.

Amalfi

---⟩ S. 120, C 11

ca. 6000 Einwohner

Die Stadt blickt auf eine reiche Vergangenheit zurück und erlebte um das Jahr 1000 als mächtige freie Seerepublik – neben Venedig, Pisa und Genua – ihren größten Wohlstand. Amalfi war zu seiner Blütezeit erheblich größer als heute, Meeresbeben im 14. Jh. ließen jedoch weite Teile im Meer versinken. Erhalten blieb der majestätische Dom, der das Stadtbild prägt. Eine reizvolle architektonische Besonderheit sind die überdachten, unter den Häusern durchführenden engen Gassen der Altstadt, die so genannten Supportici. In den Gässchen parallel zur Hauptstraße finden sich viele unerwartet idyllische Winkel.

Hotels/andere Unterkünfte

Locanda Ripa delle Janare

---⟩ S. 120, C 11

Liebevoll eingerichtete Zimmer mit Balkon machen das kleine Hotel mit familiärer Atmosphäre zum idealen Ausgangspunkt, um die Costiera Amalfitana zu erkunden.
Via Aldo Moro 3, Furore; Tel. 0 89/83 07 81, Fax 8 30 40 28; www.locanda dellejanare.it; Mitte Jan.–Mitte Feb. geschl.; 10 Zimmer ●● CREDIT 🐕

L'Antico Convitto
Einfache, aber erst kürzlich renovierte Pension im Zentrum der Stadt.
Via dei Curiali 4; Tel. 0 89/87 18 49; www.lanticoconvitto.com; 16 Zimmer ● CREDIT 🐕

Spaziergang

Vom belebten Hafenplatz **Piazza F. Gioia** gelangt man nach wenigen Schritten auf die **Piazza Duomo**, das Zentrum der Stadt. Hier dominiert die imposante Freitreppe des Doms, von deren Stufen man gut das lebhafte Treiben auf der Piazza beobachten kann. Man biegt nun in die anfangs sehr belebte Hauptstraße **Via Lorenzo d'Amalfi**, die von der Piazza ausgeht. Restaurants und Geschäfte stellen hier in Hülle und Fülle ihr Angebot zur Schau. Hinter der kleinen **Piazza dello Spirito** verläuft sich der Touristenstrom merklich, und der Blick fällt auf ein dunkelrotes Haus, das mit seinen Balkonen und dem Torbogendurchgang wie die Kulisse einer neapolitanischen Krippe aussieht.

Von nun an wird die Gegend immer ländlicher, und die Straße, die jetzt ansteigt und **Via delle Cartiere** heißt, führt allmählich in die Valle dei Mulini (Mühlental), wo im Mittelalter die Papiermanufakturen ansässig waren. Das tosende Geräusch des Flüsschens Canneto, das unter der Straße braust, wird immer lauter, und nach etwa 100 m trifft man auf der linken Seite auf das **Museo della Carta**, das in einer uralten Papierfabrik untergebracht ist. In unmittelbarer Nähe liegt auch das **Museo della Civiltà Contadina**. Der **Valle dei Mulini** schließt sich direkt das Naturreservat **Valle delle Ferriere** an.

Sehenswertes

Duomo und Chiostro del Paradiso
Der barocke Dom besteht aus zwei Kirchen: Neben der frühchristlichen Basilica del Crocifisso aus dem 6. Jh. wurde 987 die dem hl. Andreas, dem Stadtpatron, gewidmete Kathedrale errichtet. Es entstand eine einzige Kirche aus sechs Schiffen, die jedoch in der Barockzeit wieder getrennt wurden. Sehenswert ist das byzantinische Bronzetor, auf dem Szenen aus dem Leben des hl. Andreas dargestellt sind. Der Kreuzgang im ara-

bisch-spanischen Baustil stammt aus dem 13. Jh.; hier ließen sich in früheren Zeiten die Adligen Amalfis bestatten. In der Krypta sind die Gebeine des hl. Andreas beigesetzt.

Piazza Duomo; Dom tgl. 7.30–10 und 17–18.30 Uhr, Kreuzgang und Museum 9–21 (Sommer), 10–17 Uhr (Winter); Eintritt 2,50 €

Grotta di Smeraldo

Die Grotte mit ihrem in Grünblautönen schillernden Wasser liegt 4 km südwestlich von Amalfi. Von Amalfi kann man sie mit dem Boot vom Molo Pennello erreichen oder mit dem Bus auf der Küstenstraße.

Tgl. außer bei schlechtem Wetter 9–16 Uhr; Eintritt 5 €

MUSEEN

Museo della Carta

Das Museum befindet sich in einer kleinen Papierfabrik aus dem 15. Jh. und zeigt die alten Geräte, die zur Papierherstellung gebraucht wurden.

Via delle Cartiere 23; Tel. 0 89/8 30 45 61; www.museodellacarta.it; tgl. 10–18.30 (Sommer), tgl. außer Mo 10–16 Uhr (Winter); Eintritt 3,50 €

Museo della Civiltà Contadina

Kleines, bereits etwas außerhalb gelegenes privates Bauernmuseum, in dem die Familie Aceto, die seit Generationen biologischen Zitronenanbau betreibt, ihre Familiengeschichte darstellt und Arbeitsgeräte zeigt.

Via delle Cartiere 55; tgl. außer So 8.30–13 und 15–18, Sa 8.30–13 Uhr

ESSEN UND TRINKEN

La Taverna del Duca

Kleine Trattoria abseits des Touristengewimmels, in der es neben regionaler Küche auch Pizza gibt.

Piazza Spirito Santo 26; Tel. 0 89/87 27 55; Do geschl. ●●● CREDIT

A Paranza

Das in Amalfis Nachbarort Atrani gelegene typische Fischrestaurant ist ein traditioneller Familienbetrieb. Die amalfitanische Küche verwöhnt mit hausgemachter Pasta, Suppen und fangfrischem Fisch. Die Weinkarte ist umfangreich.

Via Traversa Dragone 1/2, Atrani; Tel. 0 89/87 18 40; außerhalb der Hauptsaison Di und im Dez. geschl. ●● CREDIT ♿

La Galea 👫

Für den Eiligen gibt es hier neben Pizza in allen Variationen auch Brötchen und einfache Gerichte zum Mitnehmen. Im hinteren Bereich auch Tische zum dortigen Verzehr.

Via Lorenzo d'Amalfi 30; Tel. 0 89/87 23 51; tgl. außer Mo 10–22 Uhr ●

Pasticceria Andrea Pansa

Zierliche Tische mit weißen Spitzendecken laden zum Verweilen ein. Die Erzeugnisse der eigenen Konditorei und Schokoladenproduktion (z. B. Mokkatrüffel oder glasierte Orangenstäbchen) sind unwiderstehlich.

Piazza Duomo 40; Tel. 0 89/87 10 65; tgl. 8.30–22 Uhr CREDIT

EINKAUFEN

L'Arco Antico

Geschenkideen aus Papier.

Via P. Capuano 4; Tel. 0 89/8 73 63 54; www.cartadiamalfi.it

Cooperativa Amalfitana Trasformazione Agrumi

Hier verkauft die Familie Aceto ihre Liköre aus biologisch angebauten Zitrusfrüchten (→ Museo della Civiltà Contadina, S. 62).

Via delle Cartiere 55/57; Tel. 0 89/87 32 11; www.cata.amalfi.it

AM ABEND

Maccus

In der Altstadt an einer romantischen Piazzetta gelegen. Abendliche Kultur-Events. Auch mittags geöffnet.

Largo S. Maria Maggiore 1–3; Tel. 0 89/8 73 63 85; www.maccusamalfi.it; Mo u. im Feb. geschl. ●● CREDIT

SERVICE
Aasct – Touristeninformation
Corso delle Repubbliche Marinare 27,
84011 Amalfi (SA); Tel./Fax
0 89/87 11 07; www.amalfitouristoffice.it

Parken
Die Parkplätze sind in Amalfi rar. In-
nerhalb der blauen Streifen 3 € pro
Stunde.

Ziele in der Umgebung

Paestum — S. 121, südöstl. F 12

Die imposanten griechischen Tempel
von Paestum faszinierten schon die
Italienreisenden des 18. Jh.
70 km südöstl. von Amalfi

Positano — S. 120, B 11

Sieht man den Ort vom Meer her,
kommt seine einzigartige Lage besonders gut zur Geltung: Vertikal
ziehen sich die pastellfarbenen Häuser mit Gärten und flachen Kuppel-
dächern an den steilen Hängen der
Felsenbucht empor. Wegen seiner

abgeschiedenen und pittoresken
Lage war Positano vor allem bei ausländischen Künstlern bereits im 19. Jh.
beliebt. Heute ist es ein mondäner
Badeort, der nichts von seiner Faszination verloren hat. Auch wenn der
Tourismus die Haupteinnahmequelle
darstellt, achten die Bewohner darauf, dass die naturgebundene Schönheit des Ortes unberührt bleibt.
20 km westl. von Amalfi

HOTELS /ANDERE UNTERKÜNFTE
Albergo Casa Albertina
Das von einer alteingesessenen Ho-
teliersfamilie geführte, ruhig gelegene Haus befindet sich etwa auf mittlerer Höhe des Ortes. Der Blick aufs
Meer ist einmalig. Stilvoll eingerichtete Zimmer mit eigener Terrasse.
Via Tavolozza 3; Tel. 0 89/87 51 43,
Fax 81 15 40; www.casalbertina.it;
19 Zimmer ●●● CREDIT

Hotel Pupetto
Familiäres Strandhotel mit Restaurant. Zimmer mit Meerblick und hübschen Majolika-Fliesen.
Fornillo; Tel. 0 89/87 50 87, Fax 81 15 17;
www.hotelpupetto.it; 34 Zimmer ●●●
CREDIT 🐴

*Kaum zu glauben: Das romantisch an die Felsen gebaute Hafenstädtchen Amalfi war
im hohen Mittelalter eine bedeutende Seerepublik.*

Parrochia Santa Maria Assunta

Die Kirche geht auf das Jahr 1200 zurück und hat eine mit Majolika verzierte Kuppel. Auf dem Hauptaltar befindet sich die wunderbare byzantinische Ikone einer schwarzen Madonna mit Kind. Sehenswert ist auch die Büste des Schutzpatrons des Ortes, San Vito. Er wird am 15. Juni mit Prozession und Volksfest gefeiert.

Montepertuso

Oberhalb der Küstenstraße SS 163, 400 m über dem Meeresspiegel liegt der kleine Ortsteil Montepertuso, in den sich die Bewohner einst vor den Sarazenenangriffen flüchteten. Sein Name bedeutet »durchlöcherter Berg«, und er erhielt ihn von einem außergewöhnlichen lichtdurchlässigen und perforierten Felsblock, der im Ort zu besichtigen ist.

Nocelle

Der bergige Ortsteil von Positano (450 m) ist nur zu Fuß zu erreichen. Hier beginnt einer der bekanntesten Wanderwege mit den schönsten Aussichtspunkten entlang der Küste, der Sentiero degli Dei (Weg der Götter). Er endet in Agerola. Für die Wanderung sind mindestens 5 Stunden einzuplanen.

La Sponda

Das Restaurant gehört zum Luxushotel Le Sirenuse, einem Adelspalast aus dem 19. Jh. Die feine Küche basiert auf regionalen Zutaten wie Fisch, Gemüse und Zitrusfrüchten. Ausgefallene Desserts und eine ausgezeichnete Weinkarte vervollkommnen den Genuss.

Via C. Colombo 30; Tel. 0 89/87 50 66; www.sirenuse.it; geöffnet März–Nov.
●●●● CREDIT

Il Ritrovo

An der Piazza gelegen. Hier wird in einem fast dörflichen Ambiente vor-

Beim Schlendern durch die Gassen Positanos trifft man immer wieder auf verträumte Winkel.

zügliche Küche serviert. Ebenfalls ausgezeichnetes Vorspeisenbuffet. Zu Fuß, mit Bus oder Restaurantzubringer zu erreichen.

Via Montepertuso 77; Tel. 0 89/81 20 05; www.ilritrovo.com; Winter Mi geschl.
●● CREDIT

Le Tre Sorelle

Eines der bekanntesten Restaurants an der Strandpiazza. Zu empfehlen sind frische Pasta mit Meeresfrüchten und überbackene Muscheln.

Via del Brigantino 23; Tel. 0 89/87 54 52; Nov. bis Weihnachten geschl., Jan./Feb. Di Ruhetag ●● CREDIT

Auf der Hauptgasse, die bis zum Strand führt, reihen sich Boutiquen mit ausgefallener Strandmode und handgemachten feinen Sommerschuhen. Der Name Positano steht für exklusive Modeartikel.

Auskunft
Aasct – Touristeninformation
Via del Saraceno 4, 84017 Positano (SA);
Tel. 0 89/87 50 67, Fax 87 57 60

Parken
Wie an der ganzen Costiera Amalfitana sind auch hier die Parkmöglichkeiten sehr begrenzt. Für das Parken in
den Garagen muss man mit mindestens 4 € pro Stunde rechnen.

Ravello   ⤑ S. 120, C 11

Das Städtchen Ravello hat eine traum-
haft schöne Lage mit Aussicht auf die
amalfitanische Küste. Seine Gründung geht auf das 9. Jh. zurück, als
es zum Städtebund der Amalfitanischen Republik gehörte. Zur Blütezeit
im 12. Jh. zählte Ravello mehr als
30 000 Einwohner und betrieb einen
lebhaften Handel mit Sizilien und
dem Orient. Auf dem höchsten Punkt
der Stadt, dem Toroviertel, errichtete
sich der Adel seine vom maurischen
Baustil inspirierten Residenzen. Die
bekanntesten süditalienischen Künstler arbeiteten damals an den Kirchen
und Palästen der Stadt.
  Der frühere Reichtum ist heute
noch spürbar und unterstreicht den
Charme des exklusiven Luftkurortes,
von dessen Lage auch Richard Wagner begeistert war. Durch dessen
Aufenthalte in Ravello inspiriert, werden in der berühmten Villa Rufolo alljährlich unter freiem Himmel klassische Konzerte veranstaltet.
  Ravello ist auch Ausgangspunkt
einer Bergwanderung mit wunderschönen Ausblicken (→ S. 99).
6,7 km nordöstl. von Amalfi

Hotel Marmorata
Das an den Felsen gebaute Nobel-
hotel liegt direkt an der Küste, im zu
Ravello gehörenden Ortsteil Marmorata. Alle Zimmer mit Meerblick. Zwei
eigene Restaurants und Meerwasser-
schwimmbad.
Via Bizantina (SS 163);
Tel. 0 89/87 77 77, Fax 85 11 89;
www.marmorata.it; 41 Zimmer ●●● CREDIT

Hotel Rufolo
Dieses zentral gelegene Hotel, das
im klassischen Stil eingerichtet ist,
bietet einen wunderbaren Panoramablick. Schwimmbad mit Garten.
Via S. Francesco 1; Tel. 0 89/85 71 33,
Fax 85 79 35; www.hotelrufolo.it;
32 Zimmer ●●● CREDIT 🐾

Villa Amore
Einfach eingerichtete Familienpension. Einige Zimmer zum Garten. Herr-
licher Blick auf die Küste.
Via dei Fusco 5; Tel./Fax 0 89/85 71 35;
12 Zimmer ●● CREDIT 🐾

Dom San Pantaleone
An der Piazza dominiert der im 11. Jh.
erbaute Dom. Berühmt ist das große
Bronzetor von Barisano da Trani aus
dem 12. Jh. Im Innern der Kirche beeindruckt die elegante, von Marmor-
löwen getragene und mit Mosaiken
verzierte Kanzel aus dem 13. Jh. In
der Krypta des Doms befindet sich
ein kleines Museum.
Tgl. 9–12 und 17.30–19 Uhr; Dommuseum
tgl. 9–19 Uhr; Eintritt Dommuseum 2 €

Villa Cimbrone
Bei dieser Villa handelte es sich ursprünglich um einen mittelalterlichen
Palast, dessen Ruinen im letzten
Jahrhundert von einem reichen Briten
zu einer Burgimitation umgebaut
wurden. Prachtvoll ist die Parkanlage,
ein eindrucksvolles Beispiel englischer Gartenkunst. Man hat hier vom
Belvedere, das mit römischen Herr-
scherbüsten geschmückt ist, einen
einzigartigen Ausblick auf die amalfitanische Küste.
Via Santa Chiara 26; Tel. 0 89/85 74 59;
tgl. Sommer 9–19.30, Winter 9–17 Uhr;
Eintritt 5 €

Villa Rufolo

Die weltberühmte Villa liegt im Zentrum des Ortes und geht auf einen Adelspalast aus dem 12. Jh. zurück. Man betritt die Anlage durch einen Eingangsturm und kann auf einem Rundgang die Reste des maurischen Kreuzgangs, des Hauptturms, des Rittersaals und den Tafelsaal besichtigen. Letzterer ist mit einem Kreuzgewölbe überdacht und öffnet sich zum Garten. Hier empfing die Familie Rufolo ihre illustren Gäste. Der Garten inspirierte Richard Wagner zu »Klingsors Zaubergarten« in seiner Oper »Parsifal«. Er besticht durch üppige Vegetation und das unvergleichliche Panorama der Terrasse mit dem Blick auf den Golf von Salerno. Im Sommer finden hier klassische Konzerte mit renommierten Künstlern statt, ein einmaliger Musik- und Landschaftsgenuss, den man sich nicht entgehen lassen sollte!

Piazza Duomo; Tel. 0 89/85 76 57;
tgl. Sommer 9–20, Winter 9–18 Uhr;
Eintritt 5 €

Essen und Trinken

Cumpà Cosimo

Trattoria und Pizzeria mit etwas nostalgischem Charme. Die Küche bietet hausgemachte Nudeln, gutes Fleisch und frisches Gemüse.

Via Roma 44; Tel. 0 89/85 71 56;
im Winter Mo geschl. ●●● CREDIT

Café des Hotels Villa Maria

Wer auf dem Weg zur Villa Cimbrone eine Ruhepause einlegen will, sollte das unbedingt in diesem exklusiven Hotelcafé tun, der Ausblick von dort ist einzigartig.

Via Santa Chiara 2; Tel. 0 89/85 72 55;
www.villamaria.it CREDIT

Service

Auskunft
Aasct – Touristeninformation
Piazza Duomo 10, 84010 Ravello (SA);
Tel. 0 89/85 70 96, Fax 85 79 77;
www.ravellotime.it

MERIAN-Tipp

⑥ Punta Campanella

Ein Spaziergang, der hier endet, wird zu einem unvergesslichen Erlebnis in einer noch unberührten Natur. Man spürt den Zauber der Landschaft, wie ihn bereits die Schriftsteller der Antike beschrieben. Lebten doch hier der Sage nach die Sirenen, die versuchten, Odysseus mit ihrem Gesang in den Tod zu locken. Man beginnt auf der Piazza des kleinen Ortes Termini. Nach einem kurzen Stück Straße beginnt der von Ginster und Myrten umgebene, unbefestigte Weg, mit dem tiefblauen Meer im Hintergrund. Nach etwa einer guten Stunde blickt man von einer Aussichtsterrasse direkt auf die Insel Capri.

---⋙ S. 119, F 8

Kartenvorbestellung
Società dei Concerti
Informationen über das aktuelle Konzertprogramm in Ravello und auch in Conca dei Marini (im Klosterkomplex Santa Rosa) sowie Hotelangebote, Kartenvorbestellung. Frühzeitige Reservierung vorteilhaft. Die Konzertsaison dauert von März bis Oktober (ausgenommen August).

Via Trinità 3, 84010 Ravello;
Tel. 0 89/85 81 49, Fax 85 82 49;
www.ravelloarts.org; Mo–Fr 9.30–14 Uhr

Sorrento   ---⋙ S. 120, A 11

17 400 Einwohner

Das Gebiet von Sorrento liegt im Schutz eines Kalkgebirges auf einer flachen Tuffbank, deren Rand steil gegen das Meer abstürzt: die ideale Gegend für die Sommerfrische. Schon Kaiser Augustus besaß eine Villa im antiken **Surrentum**, dessen Name auf die Sirenen, Gestalten aus der griechisch-römischen Mythologie, zurückzuführen ist. Sie sollen der Sage nach an der Spitze der Halbinsel, an der **Punta Campanella** (→ MERIAN-Tipp, S. 66), gelebt haben. Nach den Römern trugen reiche Engländer und Russen im 18. Jh. dem Städtchen den Ruf eines noblen Ferienortes ein.

Auch heute erinnert noch eine Reihe von traditionsreichen Hotels der gehobenen Klasse an jene glanzvolle Zeit des Reisens, und das Publikum ist immer noch international, allerdings mit Briten und Deutschen in der Überzahl.

41 km westl. von Amalfi

HOTELS / ANDERE UNTERKÜNFTE
Bellevue Hotel Syrene
Direkt an der Steilküste auf den Ruinen einer römischen Villa steht das 1820 eröffnete, villenartige Hotel. Geschmackvolle Einrichtung und dezenter, professioneller Service. Einige Zimmer sind mit Fresken aus dem 18. Jh. geschmückt.

Via della Vittoria 5; Tel. 0 81/8 78 10 24, Fax 8 78 39 63; www.bellevue.it; 73 Zimmer; ganzjährig geöffnet ●●●
CREDIT ♿ 🐕

Hotel Sorrento City
Kleine Familienpension in sehr zentraler Lage. Die Zimmer sind frisch renoviert und alle mit einem Bad ausgestattet.

Corso Italia 221; Tel./Fax 0 81/8 77 22 10; www.sorrentocity.com; 12 Zimmer ●●
CREDIT 🐕

SEHENSWERTES
Chiostro della Chiesa San Francesco di Sorrento
Der hübsche Kreuzgang mit Spitzbogenarkaden stammt aus dem 14. Jh. Von dem ehemaligen Klostergarten hat man eine wunderschöne Aussicht auf den Golf.

Piazza F. Saverio Gargiulo; tgl. 9–12 und 16–20 Uhr

Sedile Dominova
In der Altstadtgasse Via San Cesareo, in der Nähe des Doms, sollte man einen Blick auf die malerische Loggia mit einer Majolikakuppel aus dem 15. Jh. werfen. In der offenen Vorhalle, wo sich im Mittelalter die Adligen versammelten, um über das Gemein-

Ein stimmungsvolles und traditionsreiches Plätzchen (nicht nur) für Sorrentos Rentner ist die Sedile Dominova, eine Loggia aus dem 15. Jahrhundert.

Seit dem 19. Jahrhundert ist Sorrento ein luxuriöser Badeort am Golf von Neapel.

L'Antica Trattoria
Das stilvoll eingerichtete Restaurant mit Laubengang gehört mit seiner traditionsreichen Küche zu den besten des Orts.
Via Padre R. Giuliani 33; Tel. 0 81/8 07 10 82; www.lanticatrattoria.com; im Winter Mo geschl. ●● CREDIT

Davide Il Gelato
Sicher die beste Eisdiele von Sorrento, es gibt mehr als 200 Sorten.
Via P. R. Giuliani 41; Tel. 0 81/8 78 13 37; tgl. außer Mo 9.30–24 Uhr CREDIT

SERVICE
Auskunft
AAS – Touristeninformation
Via Luigi de Maio 35 (im Gebäude des Foreigners' Club); Tel. 0 81/8 07 40 33, Fax 8 77 33 97; www.sorrentotourism.com

wohl zu beraten, spielen heute die Rentner des Arbeitervereins Karten.

MUSEEN
Museo Correale di Terranuova
Das Museo Correale di Terranuova gehört mit seinem großen Orangen- und Zitronenhain zu den schönsten Museen der Region. In 26 Sälen kann man die vor allem kunstgewerbliche Sammlung der Familie Correale bewundern: Porzellan aus aller Welt, Möbel, Waffen, Bilder und Majoliken. Außerdem sind eine Totenmaske des in Sorrent geborenen Dichters Torquato Tasso sowie seltene Ausgaben seiner Werke ausgestellt.
Via Correale 50; tgl. außer Di 9–14 Uhr; Eintritt 6 €

ESSEN UND TRINKEN
Caruso
Elegantes Lokal, im historischen Zentrum gelegen. Ausgesuchtes Weinangebot. Zu empfehlen sind die »gnocchi alla sorrentina«.
Via S. Antonio 12; Tel. 0 81/8 07 31 56; www.ristorantemuseocaruso.com ●●

Vietri sul Mare ⤏ S. 120, E 11

Das Städtchen am östlichen Ende der amalfitanischen Küste ist durch seine Keramik bekannt. Die Töpfertradition geht auf griechisch-römische Ursprünge zurück und wurde bis heute fortgesetzt: Die Majolika-Kacheln aus Vietri schmücken Brunnen, Häuserwände und Innenräume entlang der ganzen Costiera. Auf der Piazza des oberen Ortsteils reihen sich farbenfroh die Geschäfte aneinander. Der unten am Meer gelegene Ortsteil hat einen breiten, dunklen Sandstrand und gute Parkmöglichkeiten. Von hier aus lassen sich im Sommer per Boot (ca. 5 € pro Person) kleine Badebuchten erreichen.
20 km nordöstl. von Amalfi

HOTELS/ANDERE UNTERKÜNFTE
Hotel Vietri
Familienbetrieb, der an der Straße vom Zentrum zur Marina nicht zu übersehen ist. Alle Zimmer mit Meerblick.
Via O. Costabile 31; Tel./Fax 0 89/21 04 00; www.hotelvietri.com; 20 Zimmer ●● CREDIT 🐕

SEHENSWERTES

Kirche San Giovanni Battista

Malerisch an einer Piazzetta im oberen Ortsteil gelegen, mit Majolika-Kuppel und einem Glockenturm aus dem 17. Jh.

MUSEEN

Museo della Ceramica

Das Museum im Ortsteil Raito, 3 km vom Zentrum entfernt, stellt Stücke vom 17. Jh. bis heute aus. Es wird auch Keramik der deutschen Künstlerkolonie gezeigt, die sich hier Anfang des 20. Jh. niedergelassen hatte.
Villa Guariglia, Raito; Tel. 0 89/21 18 35; tgl. außer Mo 9–20 Uhr; Eintritt frei

ESSEN UND TRINKEN

Zi Teresa

In der Nähe des Meers liegt dieses auf Fisch spezialisierte kleine Lokal mit Terrasse auf einer Piazzetta.
Via G. Pellegrino 154, Marina di Vietri sul Mare; Tel. 0 89/21 04 26; So abends und Di geschl. ●●● CREDIT

La Playa

Einladendes Lokal an der Küstenstraße, dessen Räume in Trompe-l'œil-Malerei mit Strandszenen gestaltet sind. Eine reiche Auswahl an Fischgerichten in allen Variationen passt zum Thema.
Via Costiera Amalfitana 24;
Tel. 0 89/76 16 96; Di und im Jan. geschl.
●● CREDIT ♿

EINKAUFEN

Ceramica di Pasquale Liguori

Etwas abseits der mit bunter Keramik überfüllten Geschäfte an der Piazza werden hier ausgefallene Schalen und Vasen verkauft.
Corso Umberto I 80; Tel. 0 89/21 17 08

Keramikfabrik Solimene

Allein das meerblaue, futuristische Gebäude des Betriebes mit Verkaufsabteilung ist sehenswert. Hier findet man Keramikgeschirr mit den traditionellen Mustern aus Vietri. Beim Verlassen des Ortes in Richtung Salerno nicht zu übersehen.
Via Madonna degli Angeli 7;
Tel. 0 89/21 02 43; www.solimene.com

SERVICE

Pro Loco – Touristeninformation
Piazza Matteotti; Tel. 0 89/21 12 85

Blick auf den pittoresken oberen Ortsteil von Vietri sul Mare, das schon zu Zeiten der Griechen ein Zentrum des Töpferhandwerks war.

Inseln im Golf von Neapel

Drei ganz unterschiedliche Welten: mondänes
Capri, Thermeninsel Ischia, beschauliches Procida.

*Der malerische Hafen Marina Grande: Fast alle Besucher der »Perle von Neapel«,
wie Capri gerne genannt wird, kommen hier an.*

Die drei Inseln im Golf von Neapel entwickelten im Lauf der Zeit einen ganz eigenen Charakter. Capri glänzt mit luxuriösen Hotels unf Geschäften, aber auch mit reizvollen Naturlandschaften. Die anderen beiden Inseln sind vulkanischen Ursprungs. Auf Ischia ist durch die zahlreichen Thermen immer Saison, während an der malerischen Insel Procida der große Touristenstrom fast unbemerkt vorbeizieht.

Capri   → S. 119, E 8

13 000 Einwohner
Karte → S. 73

Schon der römische **Kaiser Tiberius** zog sich aufgrund des angenehmen Klimas – milde Temperaturen im Winter und frische Seebrisen im Sommer – für mehr als zehn Jahre nach Capri zurück. Im 19. Jh. wurde die Insel zunächst als Winterreiseziel von ausländischen Künstlern und Intellektuellen wiederentdeckt. Heute ist Capri im Winter sehr ruhig und leidet vor allem im Sommer unter dem Andrang der Tagesausflügler. Erst am Spätnachmittag sind dann die Urlauber, die länger auf Capri verweilen wollen, und die Einheimischen wieder weitgehend unter sich. Die Besucher der Insel gehen in **Marina Grande** an Land. Taxen, Busse und Elektrofahrzeuge machen das Auto überflüssig. Eine Standseilbahn, die Funicolare, führt direkt vom Hafen in den mondänen Hauptort Capri, der malerisch zwischen den Bergen **Monte Tiberio** und **Monte Solaro** liegt. Von der Panoramaterrasse aus gelangt man direkt auf die legendäre **Piazza Umberto I** – kurz Piazzetta genannt –, ein exklusives Kaffeehaus unter freiem Himmel und gesellschaftlicher Mittelpunkt der Insel. Hier weisen hübsche Keramikkacheln auf die Ziele verschiedener Spaziergänge hin. Auf der Hauptstraße **Via Vittorio Emanuele** reihen sich die Luxusboutiquen und Juweliergeschäfte aneinander.

HOTELS/ANDERE UNTERKÜNFTE

Grand Hotel Quisisana   → S. 73, e 2
Ganz in der Nähe der Piazzetta liegt dieses traditionsreiche Luxushotel, das illustre Gäste wie Oscar Wilde und Ernest Hemingway beherbergte. 200 Angestellte sorgen für das Wohl der Gäste. Elegante Aufenthaltsräume, wundervolle Terrassen und zwei Schwimmbäder.
Via Camerelle 2; Tel. 0 81/8 37 07 88, Fax 8 37 60 80; www.quisi.com; 143 Zimmer; März–Nov. geöffnet ●●●● CREDIT

Hotel La Minerva   → S. 73, e 2
Seit drei Generationen ist das geschmackvoll blau-weiß eingerichtete Hotel auf der Sonnenseite von Capri in Familienbesitz. Fast alle Zimmer haben Meerblick.
Via Occhio Marino 8; Tel. 0 81/8 37 70 67, Fax 8 37 52 21; www.laminervacapri.com; 18 Zimmer; März–Nov. geöffnet ●● CREDIT

SEHENSWERTES

Certosa di San Giacomo → S. 73, e 2
Dieser wunderschöne spätmittelalterliche Klosterkomplex beherbergt heute das Museum der Kartause, die

Gemeindebibliothek und ein Gymnasium. Architektonische Elemente offenbar arabischer Herkunft lassen sich deutlich im älteren Teil des Klosters, dem kleinen Kreuzgang und der Kirche erkennen.

Tgl. außer Mo 9–14 Uhr; Eintritt frei

Chiesa di Santo Stefano ····⟩ S. 73, d 2

Auf der rechten Seite der Piazzetta führt eine Treppe hinauf zur Pfarrkirche Capris, einem Barockbau aus dem 17. Jh. Besonders sehenswert ist das wahrscheinlich aus der Villa Jovis stammende kostbare Fußbodenmosaik vor dem Hauptaltar.

Piazza Umberto I

Faraglioni-Felsen ····⟩ S. 73, e 2/e 3

Die berühmten drei Faraglioni-Felsen ragen vor der Südküste steil aus dem Wasser. Am eindrucksvollsten sind sie bei einer Bootsrundfahrt zu erleben, die durch den mittleren Felsen hindurchführt. Mit einer durchschnittlichen Höhe von etwa 90 m sind sie auch von Marina Piccola aus noch gut zu sehen.

Giardini di Augusto ····⟩ S. 73, d 2/e 2

Folgt man von der Piazzetta aus den Keramikhinweisschildern, gelangt man nach etwa 15 Minuten zu den prächtigen Augustusgärten oberhalb der Certosa di San Giacomo. Dieser blühende Garten mit Bänken und Panoramaterrassen wurde ursprünglich von Alfred Krupp angelegt. Von hier aus hat man links einen schönen Blick auf die im Osten gelegenen majestätischen Faraglioni-Felsen, und rechts schaut man auf die imposante, in den Felsen gehauene Serpentinenstraße Via Krupp sowie auf eine kleine Felsenbucht.

San Michele della Croce
····⟩ S. 73, e 2

Auf einem Spaziergang zur Villa Iovis liegt inmitten eines idyllischen Gartens die kleine Kirche aus dem 14. Jh. Sie wurde ursprünglich als Kloster-

komplex errichtet und im 19. Jh. dem Erzengel Michael geweiht. Ein tiefer Bogen mit einem offenen Glockenturm lässt den kleinen Eingang wie ein Tor zum Paradies erscheinen.

MUSEEN

Museo della Chiesa di S. Stefano
····⟩ S. 73, d 2

Kleines Museum mit sakralen Gegenständen und den Reliquien des Inselheiligen San Costanzo, der seit dem 9. Jh. hier verehrt wird.

Piazza Umberto I; tgl. 9–19 Uhr; Eintritt frei

Museo Diefenbach ····⟩ S. 73, e 2

Hier sind neben den monumentalen Bildern des spätromantischen deutschen Malers Karl Wilhelm Diefenbach (1851–1915) auch Werke des neapolitanischen Landschaftsmalers Giacinto Gigante (1806–1876) ausgestellt.

Via Certosa 2; tgl. außer Mo 9–14 Uhr; Eintritt frei

ESSEN UND TRINKEN

Ai Bagni di Tiberio ····⟩ S. 73, c 1

Einen besseren Platz für ein Fischlokal kann man sich kaum denken: direkt am Wasser, auf Pfählen, neben den Ruinen des Palazzo a Mare. Ausgefallenes Ambiente und sehr gute Küche. Zu empfehlen sind die Spaghetti mit Hummer.

Via Palazzo a Mare 41; Tel. 0 81/ 8 37 76 88; geöffnet Mitte Mai–Mitte Sept., nur Mittagstisch ●●● CREDIT

Da Gemma ····⟩ S. 73, e 2

Im Sommer kann man beim Essen auf der Terrasse den Blick auf den Hafen genießen. Zur kühleren Jahreszeit sitzt man gemütlich in der Nähe des Pizzaofens. Als Vorspeise sind die frittierten Köstlichkeiten »fritto alla Gemma« (»crocché«, »arancini«, »fiori di zucchini«) zu empfehlen.

Via Madre Serafina 6; Tel. 0 81/ 8 37 04 61; www.dagemma.com; tgl. außer Mo 12–16 und 20–24 Uhr, Jan./Feb. geschl. ●● CREDIT

Capri

Tyrrhenisches Meer

© MERIAN-Kartographie

0   1,5 km

Le Grottelle   ⸱⸱⸱→ S. 73, e 2
Kurz vor dem Arco Naturale liegt an den Treppen, die rechts zur Grotta Matermania führen, dieses kleine Lokal mit überdachter Terrasse, von der man einen herrlichen Panoramablick auf die Bucht hat. In dem eher ländlich eingerichteten Restaurant kann man eine Kleinigkeit zu sich nehmen oder à la carte speisen. Köstlich ist das typische Inselgericht »ravioli alla caprese« (Nudeln mit einer Käse-, Ei- und Majoranfüllung).
Via Arco Naturale 3; Tel. 0 81/8 37 57 19; April–Okt. tgl. außer Do ●● VISA

EINKAUFEN

Via Vittorio Emanuele   ⸱⸱⸱→ S. 73, e 2
Die elegante Geschäftsstraße beginnt direkt hinter der Piazzetta. Sündhaft teure Schmuckgeschäfte wechseln mit den Filialen der bekanntesten italienischen Modeschöpfer und mit ausgefallenen Schuhgeschäften ab.

AM ABEND

Das Angebot an Nachtlokalen, Diskotheken und Restaurants ist auf der Insel breit gefächert und vor allem im Sommer sehr groß. Besonders stimmungsvoll ist die Silvesternacht auf der bis in die Morgenstunden belebten Piazzetta.

Musmé   ⸱⸱⸱→ S. 73, d 2
Angesagte Disko in der Nähe des luxuriösen Hotels Quisiana. Gemischtes Publikum.
Via Cammarella 61; Tel. 0 81/8 37 60 11

O'Guarracino   ⸱⸱⸱→ S. 73, d 2
In dieser letzten echten Taverne Capris mitten in der Altstadt unterhält fast allabendlich das berühmte Gitarrenduo Bruno e Gianni Lembo die Gäste mit traditionellen neapolitanischen Klängen. Die Atmosphäre kann auch kühle Nordländer zum Singen und Tanzen verführen. Das Vergnügen hat jedoch seinen Preis.
Via Castello 7; Tel. 0 81/8 37 05 14; tgl. ab 22 Uhr

SERVICE

Auskunft
A.P.T. – Touristeninformation
⸱⸱⸱→ S. 73, d 1
Porto Commerciale, Marina Grande; Tel. 0 81/8 37 06 34; www.capritourism.com

Aasct – Touristeninformation
⸱⸱⸱→ S. 73, d 2
Piazza Umberto I, Capri;
Tel. 0 81/8 37 06 86 oder 8 37 09 19

Ziele auf Capri

Anacapri   ⸱⸱⸱→ S. 73, b 2/c 1

Ein Bus bringt Fahrgäste von Capri oder direkt vom Hafen Marina Grande in das am Fuß des Monte Solaro (589 m) gelegene **Anacapri**, wo es etwas beschaulicher zugeht. Die Fahrt führt auf einer abenteuerlichen Serpentinenstraße, die atemberaubende Ausblicke eröffnet, hinauf auf 275 m Höhe in die zweite Gemeinde der Insel. Findet man in Capri überwiegend Luxusherbergen, so bietet Anacapri mehr Hotels in mittlerer Preislage.

Die Gemeinde liegt auf der westlichen Höhe der Insel. Der Hauptplatz **Piazza Vittoria** ist auch gleichzeitig die zentrale Haltestelle für Busse und Taxen. Hauptattraktion ist die idyllisch gelegene **Villa San Michele** mit ihrem wundervollen Garten und der herrlichen Aussicht auf Capri und Marina Grande. Hält man sich an der Piazza rechts, erreicht man über die lebhafte Via Giuseppe Orlandi die Altstadt Anacapris. Hinter der schönen Kirche Santa Sofia beginnen die malerischen Gassen des restaurierten Viertels Le Boffe.

HOTELS/ANDERE UNTERKÜNFTE

Caesar Augustus   ⸱⸱⸱→ S. 73, c 1
Das am Ortseingang gelegene Hotel hat eine der schönsten Panoramaterrassen der Insel. Es wurde 1999 mit Stil liebevoll renoviert. Zimmer mit Meerblick reservieren!

*Villa San Michele (→ S. 76) – das weiße Domizil des schwedischen Arztes und Schrift-
stellers Axel Munthe ist heute ein viel besuchtes Kunstmuseum.*

Via G. Orlandi 4; Tel. 0 81/8 37 33 95, Fax
8 37 14 44; www.caesar-augustus.com;
56 Zimmer; geöffnet von Ostern bis Okt.
●●● CREDIT

Da Gelsomina ·····⟩ S. 73, b 2
Etwas abgelegene Familienpension
mit Restaurant. Alle Zimmer mit Terrasse und Blick auf den unvergleichlich schönen Sonnenuntergang.
Via Migliara 72; Tel./Fax 0 81/8 37 14 99;
www.dagelsomina.com; Di und Jan./Feb.
geschl.; 5 Zimmer ●● CREDIT

SEHENSWERTES

Chiesa di San Michele ·····⟩ S. 73, c 1
Die kleine Barockkirche besitzt einen
schönen Majolikafußboden aus dem
18. Jh. mit einer fantasievollen Dar-
stellung der Vertreibung Adams und
Evas aus dem Paradies des Künstlers
Leonardo Chiaiese. Außerdem se-
henswerte Altäre.
Piazza San Nicola; April–Okt. tgl. 9–19
Uhr; Eintritt 1 €

Chiesa di Santa Sofia
·····⟩ S. 73, b 1/c 1
Die Gründung dieser Kirche – die
heute mit einer spätbarocken Fassa-

de versehen ist – geht auf das Jahr
1510 zurück. Eine Reliquie des heiligen Antonio, des Stadtpatrons von
Anacapri, wird hier aufbewahrt. Auf
dem weiträumigen Vorplatz sind die
Mauerbänke mit hübschen Majolika-
kacheln geschmückt.
Piazza Amedeo Diaz

Grotta Azzurra (Blaue Grotte) 👥
·····⟩ S. 73, b 1
Zwei Wege führen zur Blauen Grotte:
Vom Hafen Marina Grande fahren größere, offene Motorboote – im Sommer mit Sonnensegeln – entlang
der nördlichen Inselküste (Preis:
ca. 8,50 €). Vor der Grotte helfen die
so genannten Caprifischer den Besuchern, in kleinere Ruderboote um-
zusteigen, um so durch die schmale
Felsöffnung zu gelangen. In der Grotte schmettern sie dann – gegen ein
Trinkgeld, versteht sich – ein gefühl-
volles neapolitanisches Lied. Das
ganze Unterfangen ist eine reine
Touristenveranstaltung, die man mit
Humor absolvieren sollte.
   Der zweite, längere Weg führt
mit dem Bus vom Hafen nach Anacapri, wo man in den Anschlussbus zur

Grotte umsteigt. Geht man dort die schmale Steintreppe hinunter, sollte man an der Bar direkt über dem Grotteneingang halten. Sie ist ein wunderbarer Beobachtungsposten für das bunte Treiben vor dem Eingang. Wer die Grotte für sich allein erleben möchte, muss warten, bis die letzten Fischer abgezogen sind. Dann kann man hinüberschwimmen und hat das letzte schimmernde Blau ganz für sich allein.

Tgl. 9 Uhr bis eine Stunde vor Sonnenuntergang; Eintritt zur Grotte 9 € inklusive Ruderboot

MUSEEN

Villa San Michele ····⟩ S. 73, C 1

Die ehemalige Villa des schwedischen Arztes und Schriftstellers Axel Munthe (1857–1949) gehört heute dem schwedischen Staat und ist als Museum eingerichtet. Sie besitzt einen Garten mit vielen Pflanzen und Kopien römischer Büsten, die Munthe von seinen Reisen mitbrachte. Das Panorama ist unvergesslich.

Via Capodimonte 34; Herbst und Winter tgl. 10.30–15.30, Frühjahr 9.30–17, Sommer tgl. 9–18 Uhr; Eintritt 5 €

ESSEN UND TRINKEN

Rondinella ····⟩ S. 73, C 1

Das rustikal eingerichtete Lokal blickt auf eine lange Familientradition zurück, und im Sommer werden Pizza und regionale Gerichte auf der Terrasse serviert.

Via G. Orlandi 245; Tel. 0 81/8 37 12 23; Do und Jan./Feb. geschl. ●● CREDIT

Al Nido d'Oro ····⟩ S. 73, C 1

Sehr kleine, einfache Trattoria und Pizzeria, die ausgesprochen freundlichen Service bietet.

Via de Tommaso 32; Tel. 0 81/8 37 21 48; tgl. außer Di ● CREDIT

SERVICE

Auskunft
Aasct – Touristeninformation
  ····⟩ S. 73, C 1

Via G.Orlandi 59; Tel. 0 81/8 37 15 24; www.capritourism.com

Die Grotta Azzurra. Einmal muss jeder Capri-Besucher dieses unvergleichlich blaue Licht erlebt haben – am schönsten ist es um die Mittagszeit.

Arco Naturale ⋯⟩ S. 73, e 2/f 2

Von der Piazzetta in Capri-Stadt aus folgt man den Hinweisen auf den hübsch bemalten Kacheln an den Straßenecken und verlässt das Zentrum in östlicher Richtung. Man gelangt nach wenigen Metern auf die Via Matermania und befindet sich in einem der landschaftlich schönsten Teile der Insel. Man erreicht nach einer guten Stunde das Ziel. Der von Wind und Wetter natürlich geformte Felsbogen oberhalb der Grotta Matermania – die einst eine Kultstätte der Römer war – erinnert an das Profil eines Elefantenkopfes. Auch diese markante Formation besteht wie die ganze Insel aus Dolomit-Kalkfelsen.

Belvedere Migliara
⋯⟩ S. 73, b 3

Von der Ortsmitte Anacapris, der Piazza Vittoria, geht man links an der Seilbahnstation vorbei. Hier beginnt ein schöner Spazierweg durch Obst- und Gemüsegärten bis zum Aussichtspunkt Migliara. Der kleine Platz liegt oberhalb des Felsvorsprungs Punta Carena, des Leuchtturms. Links fällt der Blick auf die vorgelagerten Faraglioni-Felsen, das Wahrzeichen der Insel.

Monte Solaro 🌴🌴 ⋯⟩ S. 73, c 2

Von dem Hauptplatz Piazza Vittoria in Anacapri fährt an der Seilbahnstation ein Sessellift in zwölf Minuten auf den Monte Solaro, den höchsten Berg der Insel (589 m). Auf dem Gipfel befinden sich ein Restaurant und eine Bar. Wer den schönen Abstieg durch Gärten, Weinberge und Walnussbäume lieber zu Fuß machen möchte, sollte auf jeden Fall feste Schuhe tragen und etwa eine Stunde Zeit für den Weg rechnen.

Villa Damecuta ⋯⟩ S. 73, a 1

Geht man zu Fuß von Anacapri zur Blauen Grotte, sollte man von der Via La Fabbrica einen Abstecher zur Villa Damecuta machen, denn der Panoramablick, den man oberhalb der Grotte hat, ist einfach herrlich. Die einst imposante Villa, von der nur sehr wenig erhalten ist, gehörte zu den zwölf kaiserlichen Villen des Tiberius auf Capri. Die (kühle) Nordlage der Villa weist darauf hin, dass der Kaiser sie wahrscheinlich als Sommerresidenz nutzte. In den Ruinen der mittlerweile etwas verwilderten Anlage findet man einen kühlen Ort zum Ausruhen. Sehenswert ist vor allem zu Beginn des langen, geraden Korridors ein kunstvoll bearbeitetes, halbrund geformtes Mauerstück.

Tgl. von 9 Uhr bis eine Stunde vor Sonnenuntergang; Eintritt frei

Villa Iovis ⋯⟩ S. 73, f 1

Von der Piazzetta in Capri aus führt ein gut beschilderter, ansteigender Weg, vorbei an herrlichen Gärten und Sommervillen, zur ehemaligen Kaiservilla, eine der sagenumwobenen Villen des römischen Kaisers Tiberius auf Capri. Die Ausgrabungsstätte erstreckt sich auf 296 m Höhe auf dem Monte Tiberio. Bisher wurden stattliche 7000 m² freigelegt: kaiserliche Gemächer, Thermen, Räume für Bedienstete und Regenwasserzisternen. Den mehrstöckigen Palast aus dem 1. Jh. n. Chr. umgaben in der Antike vermutlich dichte Wälder und Parkanlagen mit Nymphäen. Von der dazugehörigen Aussichtsterrasse aus hat man einen wunderbaren Blick auf den gegenüberliegenden Golf von Neapel und den Vesuv.

Auf dem Weg zur Villa Iovis befindet sich vor dem steilen Anstieg die Bar Jovis mit sehr schöner Aussichtsterrasse.

Fußweg ab Piazzetta ca. 1 Stunde;
tgl. 9 Uhr bis eine Stunde vor Sonnenuntergang; Eintritt 2 €

Villa Malaparte ⤏ S. 73, f 2

Die dunkelrote Villa des exzentrischen
italienischen Schriftstellers und Bau-
herrn Curzio Malaparte (1898–1957)
liegt am Kap Massullo, auf halbem
Weg zwischen dem Arco Naturale
und den Faraglioni-Felsen. Die Bau-
arbeiten wurden 1938 begonnen.
Malaparte wollte sich mit dieser
modernen, in ihrer Form an einen
Schiffsrumpf erinnernden Villa ein
Denkmal setzen. Das Dach des Hauses besteht aus einer einzigen Terrasse. Auffällig ist die hier hinauf-
führende Freitreppe, die sich nach
unten verjüngt und die Funktion
eines theatralischen Aufgangs über-
nimmt. Die Villa diente in verschiedenen Filmen als Kulisse. Sie ist heute
im Besitz einer privaten Stiftung und
nicht zugänglich. Doch man kann sie
bei einer Rundfahrt vom Boot aus bewundern.

Ischia ⤏ S. 118, A 6/A 7

54 400 Einwohner
Karte → S. 79

Ischia, die größte der Phlegräischen
Inseln, verdankt ihre Entstehung
einem unterirdischen Vulkan. Heiße
Dämpfe und Schwefelthermen sind
als vulkanische Erscheinungen bis
heute erhalten geblieben. Bereits in
der Antike wussten Griechen und
Römer deren gesundheitsfördernde
Wirkung sehr zu schätzen. Rund um
den **Monte Epomeo**, den höchsten
Berg der Insel, liegen die sechs Gemeinden: **Ischia** (Porto und Ponte),
Casamicciola, **Lacco Ameno**, **Forio**,
Serrara Fontana und **Barano**. Charakteristisch für die Insel ist, dass jede
dieser Gemeinden sehr auf ihre Ei-
genständigkeit bedacht ist.

Ischia gilt als traditionsreiche Kur-
insel der Deutschen, die besonders
die Vor- und Nachsaison schätzen.
Nur im August sind die Italiener in der
Überzahl. Wer Erholung sucht, sollte
jedenfalls außerhalb der Hochsaison
anreisen. Rund 70 Thermen gibt es,

Die an abgelegener und gleichzeitig unübersehbarer Stelle errichtete Villa des
skandalumwitterten Autors Curzio Malaparte befindet sich heute in Privatbesitz.

Ischia

© MERIAN-Kartographie

zum Teil innerhalb von Hotelanlagen oder in Thermalgärten. Das Kurangebot reicht von radioaktivem Fango und Bädern über schwefelsalzige, alkalihaltige oder brom- und jodsalzige Wasser bis zu heißen und überheißen Thermalquellen.

Der Bade- und Kurtourismus stellt die größte Einnahmequelle der Insel dar. Weit dahinter stehen Fischfang, Zitrusfrüchte- und Weinanbau. Wer einen Überblick über die gesamte Insel gewinnen möchte, dem empfiehlt sich eine Inselrundfahrt mit einem so genannten Mikrotaxi. Die Fahrt mit einem dieser kleinen, meist offenen Wagen auf drei Rädern ist recht amüsant. Der Preis sollte allerdings vorher vereinbart werden. Aber auch mit öffentlichen Bussen ist es möglich, die Insel zu erkunden.

Ischia bietet sich als Standort für eine Verbindung von Kur- und Kultururlaub an. Die Insel verfügt zum einen über eine sehr gute touristische Infrastruktur mit Hotels und Pensionen in jeder Preislage. Für unternehmungslustige Besucher werden zum anderen von Ostern bis Oktober von den örtlichen Reisebüros fast täglich Gruppenausflüge zu den Nachbarinseln und zum Festland organisiert. Wer aber lieber allein auf Entdeckungsreise geht, kann sich mit Fähre oder Schnellboot relativ unabhängig bewegen.

SEHENSWERTES

Castello Aragonese ¶¶ ⋯⋯> S. 79, c 2
Im 15. Jh. ließ der König von Neapel, Alfons von Aragón, die bereits in der Antike existierende Befestigungsanlage erheblich ausbauen. Ihm ist

Eines der kulturellen Highlights auf Ischia: In der Befestigungsanlage Castello Aragonese in Ischia Ponte sind wertvolle Fresken zu sehen.

auch die mehr als 400 m lange Galerie zu verdanken, die auf die Festung führt. Kulturelle Glanzzeiten erlebte das Kastell, als die mit Michelangelo befreundete adlige Dichterin Vittoria Colonna aus Rom einzog (1509). Ihr Hof wurde berühmt weit über den Golf hinaus. Die Festung in 115 m Höhe wirkt auch heute noch wie eine kleine Stadt, lebten hier doch im 18. Jh. fast 2000 Familien. Im 19. Jh. wurde das Kastell zum Gefängnis und Verbannungsort umstrukturiert. Seit 1911 befindet sich die Festung in Privatbesitz der Familie Mattera. Das Schloss ist jedoch zu besichtigen. Hinauf sollte man ruhig den Fahrstuhl am Eingang benutzen. Oben gibt es ein Café mit sehr schöner Aussichtsterrasse, und für den Weg hinunter empfiehlt sich die breite Rampe. Unbedingt besichtigen sollte man das Clarissinnenkloster mit seinen Sitzgräbern und die sechseckige Kirche San Pietro. Die Räume der ehemaligen Chiesa della Immacolata werden heute für Kunstausstellungen genutzt. **Tgl. März–Nov. 9 Uhr bis Sonnenuntergang; Eintritt 10 €**

Monte Epomeo ⸱⸱⸱⸱⸱⸱⸳ S. 79, a 2/b 2

Wegen seiner großartigen Ausblicke gehört der Monte Epomeo in 787 m Höhe zu den beliebtesten Ausflugszielen auf der Insel Ischia. Für Romantiker empfiehlt es sich unbedingt, in einer der umgebauten Mönchszellen der ehemaligen Einsiedelei mit Restaurant und Zimmervermietung zu übernachten.

Essen und Trinken

Giardino Eden ⸱⸱⸱⸱⸱⸱⸳ S. 79, c 2

Ein wahres Paradies inmitten eines blühenden Gartens mit Blick auf das Castello Aragonese. Die Küche zählt mit ihren Fischgerichten zu den besten der Insel. Spezialität des Hauses: »linguine con ricci di mare«, Nudeln mit Seeigeln.
Via Nuova Carta Romana, Ischia Ponte; Tel. 0 81/98 50 15; Mai–Okt. ●●● CREDIT

Cocò ⸱⸱⸱⸱⸱⸱⸳ S. 79, c 2

Lokal direkt am Fischerhafen mit Blick auf das Kastell. Empfehlenswerte Fischspezialitäten.
Via Aragonese; Tel. 0 81/98 18 23; im Winter Mi geschl. ●● CREDIT

⤳ S. 79, b 1

EINKAUFEN

Die Einkaufsmeile liegt in Ischia Porto in der Via Roma und der Fußgängerzone des Corso Vittoria Colonna.

AM ABEND

Urlauber und Einheimische bummeln am Abend in der verkehrsberuhigten Zone von Ischia Porto. Die geschmackvoll dekorierten Schaufenster lassen ungeahnte Wünsche aufkommen. Und die Terrassencafés laden ein, die Perspektive zu wechseln: vom Flaneur zum Betrachter. Auch die größeren Hotels unterhalten am Abend mit Musik und Tanz.

SERVICE

Auskunft

Aasct – Touristeninformation

⤳ S. 79, c 1

Scalo Porto Salvo, Ischia Porto; Tel. 0 81/5 07 42 31; www.ischia.it

Ziele auf Ischia

Barano ⤳ S. 79, b 2/ b 3

Diese kleine Berggemeinde im Süden der Insel mit ihrem gleichnamigen Hauptort besteht aus mehreren Ortschaften. Hier kann man wegen der angenehmen Temperaturen auch im Sommer gut wandern. Als kurzer Spaziergang durch üppiges Grün bietet sich von der Ortschaft **Testaccio** aus die schöne alte Steintreppe zum Maronti-Strand an. Ein Besuch des Bergdorfes **Buonopane** lohnt sich nicht nur am Ostermontag, wenn der Volkstanz »N'drezzata« in traditionellen Kostümen aufgeführt wird. Bei dieser Darbietung handelt es sich um einen kämpferischen Stocktanz, der seit Jahrhunderten vom Vater an den Sohn weitergegeben wird. Zudem gibt es in Buonopane nämlich die Nitrodi-Quelle, die bei Hautproblemen helfen soll. Ebenso berühmt ist das Cavascura-Tal mit seinen heißen Quellen.

Casamicciola Terme

⤳ S. 79, b 1

In Casamicciola Terme liegt der immer mehr an Bedeutung gewinnende zweitgrößte Hafen der Insel. Casamicciola war der erste Luft- und Thermalkurort der Insel. Im 16. Jh. gab es hier bereits ein Thermalbad für arme Leute. Das Gebäude einer später entstandenen öffentlichen Therme an der Uferpromenade verfällt heute leider. In Hafennähe liegt die hübsche Altstadt mit weißen Fischerhäusern. Auf der Piazza Marina kann man vom Café Calise aus dem geschäftigen Treiben vor dem Hafen zuschauen. Lohnend sind ein Spaziergang im oberen Stadtteil mit der schönen Piazza Bagni und ein längerer Weg bis hinauf zum Vulkankrater Fondo d'Oglio.

HOTELS / ANDERE UNTERKÜNFTE

Elma Park Hotel Terme

Ruhiges, in einem Park gelegenes, modernes Hotel mit Thermalzentrum und Tennisplätzen.

Via Vittorio Emanuele 57; Tel. 0 81/ 99 41 22, Fax 99 42 53; www.hotelelma.it; 75 Zimmer; Feb. geschl. ●●● CREDIT 🐴

ESSEN UND TRINKEN

Il Focolare

Taverne im Kastanienwald mit einfacher, aber fantasievoller Küche.

Via Cretajo al Crocefisso 3; Tel. 0 81/ 90 29 44; www.trattoriailfocolare.it; außer Sa/So nur abends geöffnet ●●● CREDIT

Forio ⤳ S. 79, a 1

Die Gemeinde mit dem gleichnamigen Hauptort liegt in einer weiten, fruchtbaren Ebene. Charakteristisch für den Ort Forio sind die mächtigen »torrioni«, Wehrtürme, die im 16. Jh. zum Schutz gegen die Sarazenen gebaut wurden. In den fünfziger Jahren wurde Forio zum bevorzugten Aufenthaltsort deutscher und englischer

Maler. Von dieser Künstlerkolonie ist nur die Erinnerung geblieben. In der Fußgängerzone von Forio, in dessen Zentrum ein eindrucksvoller Brunnen zum Verweilen einlädt, lässt es sich angenehm bummeln. Im Keramikladen La Maddonella kann man dem Meister Costantino bei seiner Arbeit zuschauen. Seine feinen Muster heben sich von der üblichen Inselkeramik ab. In der Bucht von San Montano liegt der herrliche Thermalgarten Negombo.

HOTELS/ANDERE UNTERKÜNFTE

Villa Verde ╌╌╌⟩ S. 79, a 1
Familiäres Hotel im Herzen von Forio, das man auch für einen Winteraufenthalt auf der Insel empfehlen kann. Via Matteo Verde 34; Tel./Fax 0 81/98 72 81; www.villaverdehotel.it; 12 Zimmer mit Balkon ●● CREDIT

SEHENSWERTES

Chiesa Santa Maria del Soccorso ╌╌╌⟩ S. 79, a 1
Diese malerisch auf einem Felsen errichtete weiße Seefahrerkirche ist das Wahrzeichen der Gemeinde Forio. Von der vor der Kirche liegenden Terrasse kann man herrliche Sonnenuntergänge erleben.

Giardini di Poseidon (Poseidongärten) ╌╌╌⟩ S. 79, a 2
Der schönste und größte der Thermalgärten auf Ischia liegt am Strand von Citara. Er wurde von einem bayerischen Unternehmer angelegt. Auch die medizinische Abteilung steht unter deutscher Leitung. Die Anlage ist ihren relativ hohen Eintrittspreis wert. Denn ein Tag lässt sich in diesem üppigen, terrassenartig angelegten Garten mit 20 Kurbadebecken (Thermal-, Kneipp- und Meerwasser mit unterschiedlichen Temperaturen) und einem Privatstrand höchst angenehm und erholsam gestalten.
www.giardiniposeidon.it; April–Okt. 9–20 Uhr; Tageskarte 30 €

MERIAN-Tipp

8 La Mortella

Als sich der englische Komponist William Walton (1902–1983) eine Villa auf Ischia bauen ließ, verwandelte sich ein ehemaliger Steinbruch in einen bezaubernden botanischen Traumgarten. In der grünen Oase des Gartens seiner Villa Mortella wachsen 184 verschiedene Arten tropischer und mediterraner Pflanzen. In einem Teil des herrschaftlichen Hauses, in den ehemaligen Arbeitsräumen Sir Williams, ist ein Museum untergebracht. Ein kleines Kaffeehaus lädt zum genussvollen Verweilen ein.

Via Francesco Calise, Forio; Tel. 0 81/98 62 20, Fax 98 62 37; www.lamortella. org; Mitte März–Mitte Nov. Di, Do und Sa/So 9–19 Uhr; Eintritt 10 €
╌╌╌⟩ S. 79, a 1

MUSEEN

Museo Contadino ╌╌╌⟩ S. 79, a 2
Museum mit Bildern und Gegenständen aus der Bauern- und Winzertradition. Es befindet sich im Privatbesitz der Winzerfamilie d'Ambra, die ihre Weinkellerei mit Ischiatrauben aus eigenem Anbau betreibt. SS 270, Via Michele d'Ambra, Panza (Forio); tgl. außer Sa 9–13 und 14–17 (Sommer 20 Uhr); Eintritt frei

ESSEN UND TRINKEN

Il Melograno ╌╌╌⟩ S. 79, a 1
In diesem über die Insel hinaus bekannten Lokal werden traditionelle kampanische Gerichte zu köstlichen Kreationen verfeinert. Via G. Mazzella 110; Tel. 0 81/99 84 50; im Winter Mo und Di geschl. ●●● CREDIT

Il Saturnino ╌╌╌⟩ S. 79, a 1
Im kleinen Lokal mit Terrasse am Hafen von Forio serviert Chef Ciro am liebsten Fischküche. Via Marina; Tel. 0 81/99 82 96; im Winter nur Mittagstisch ●● CREDIT

EINKAUFEN
D'Ambra vini d'Ischia   ⤳ S. 79, a 2
Wer Inselwein mitnehmen möchte, sollte sich an das Weingut der Familie d'Ambra wenden. Ihre Weine Biancolella, Forastera und Piedirosso gehören zu den besten der Insel.
Panza di Ischia; Tel. 0 81/90 72 10

Lacco Ameno   ⤳ S. 79, a 1

Das Wahrzeichen des eleganten Thermalkurortes ist der Fungo, ein Tuffsteinfelsen im Hafenbecken, der einem Riesenpilz ähnlich sieht. In Lacco Ameno liegen die zwei bedeutendsten Museen zur Inselgeschichte: die Ausgrabungsstätte unterhalb der Kirche Santa Restituta und die Villa Arbusto, beide mit Funden aus griechischer, römischer und frühchristlicher Zeit.

HOTELS/ANDERE UNTERKÜNFTE
Grazia Terme   ⤳ S. 79, b 1
Kleines Hotel mit Therme mitten im Grünen an den Hängen des Monte Epomeo gelegen. Restaurant nur für Gäste des Hauses.
Via Borbonica 2; Tel. 0 81/99 43 33, Fax 99 41 53; www.hotelgrazia.it; 58 Zimmer; April–Okt. geöffnet ●●● CREDIT

Pensione Villa Angelica   ⤳ S. 79, a 1
Familiengeführte Pension mit sehr gepflegtem Garten und geschmackvoll ausgestatteten Zimmern und Aufenthaltsräumen in Stadt- und Strandnähe.
Via IV Novembre 28; Tel. 0 81/99 45 24, Fax 98 01 84; www.villaangelica.it; 20 Zimmer; April–Okt. geöffnet ●● CREDIT

MUSEEN
Museo Civico Nazionale Pithaecusa
   ⤳ S. 79, a 1
Ein archäologisches Museum und Forschungszentrum, in dem die Funde und Gräber von Pithekoussai – so hieß die griechische Siedlung der Insel – ausgestellt sind. Eindrucksvolles Prunkstück der Sammlung ist der so genannte »Nestorbecher«. Das von einem Park umgebene Museum ist in der prunkvollen Villa Arbusto

Wildromantisch über dem Meer liegt die Kirche Santa Maria del Soccorso aus dem 16. Jahrhundert – eine Wallfahrtskirche der Seefahrer.

aus dem 18. Jh. untergebracht. Die Villa und der Garten mit seinen Laubengängen und seiner Blumenpracht sind schon für sich allein einen Besuch wert.
Villa Arbusto, Corso Rizzoli; tgl. außer Mo 9.30–13 und 16–19.30 (Winter 15–18 Uhr); Eintritt 5 €, Kinder 1 €

Museo di Santa Restituta
⤙⤙⤚ S. 79, a 1

Kleines, vom Pfarrer der gleichnamigen Kirche in Eigeninitiative angelegtes archäologisches Museum. Neben einer frühchristlichen Krypta aus dem 4. Jh. kann man griechische und römische Töpferarbeiten sowie fünf Brennöfen besichtigen. Viele Funde befinden sich noch am ursprünglichen Ausgrabungsort.
Piazza S. Restituta 10; tgl. 9–12.30 und 16.30–18.30 Uhr (im Winter geschl.); Eintritt 3,50 €

Sant'Angelo
⤙⤙⤚ S. 79, a 3

Obwohl fast ohne Strand, gehört der malerisch gelegene Ort sicherlich zu den schönsten und exklusivsten der Insel. Er erinnert mit seinen vielen Treppen, schmalen Gassen und pastellfarbenen Häusern an Positano und Capri. Die Preise in den Restaurants und Hotels sind allerdings dementsprechend hoch. An den Hängen zum Meer liegt der renommierte Thermalpark »Aphrodite-Apollon Mare«.

Es besteht eine Boot-Taxi-Verbindung zwischen Sant'Angelo und dem Maronti-Strand (Preis 2 €).

HOTELS/ANDERE UNTERKÜNFTE
Miramare
⤙⤙⤚ S. 79, a 3

Das renommierte und mit viel Liebe zum Detail eingerichtete Hotel liegt direkt über dem Meer. Große Speiseterrasse mit Panoramablick. Hotelgäste haben ermäßigten Zutritt zu dem Thermalpark »Aphrodite-Apollon Mare«, der sich in unmittelbarer Nähe befindet.

Via Commandante Maddalena 29; Tel. 0 81/99 92 19, Fax 99 93 25; www.hotelmiramare.it; geöffnet April–Okt.; 54 Zimmer ●●● CREDIT 🐾

ESSEN UND TRINKEN
Lo Scoglio
⤙⤙⤚ S. 79, a 3

Typisches Fischerlokal auf den Felsen von Sant'Angelo. Ein Teil der Räumlichkeiten wurde aus dem Gestein gehauen. Zu empfehlen sind die »zuppa di pesce« und der »risotto alla pescatora«.
Via Cava Ruffano 58; Tel. 0 81/99 95 29; April–Nov. und über Weihnachten geöffnet, kein Ruhetag ●● CREDIT

Serrara Fontana
⤙⤙⤚ S. 79, a 2/b 2

In dieser Doppelgemeinde liegt Fontana, der höchste Ort der Insel, auf 452 m. Der eigentliche Hauptort ist jedoch Serrara. Hier steht immer noch die Landwirtschaft an erster Stelle, und der Tourismus hat kaum Spuren hinterlassen. Fontana ist Ausgangspunkt für die Bergexkursionen zum **Monte Epomeo (787 m)** (→ S. 80). Ein Abstieg nach Sant'Angelo ist von Serrara aus möglich. In der Nähe von Serrara sollte man die Steinhäuser, »case di pietra«, besuchen.

SEHENSWERTES
Belvedere von Serrara
⤙⤙⤚ S. 79, a 2

Von der Aussichtsterrasse im Schatten der großen Schirmpinie hat man einen wunderbaren Ausblick auf Sant'Angelo und den Maronti-Strand.

ESSEN UND TRINKEN
Braconiere
⤙⤙⤚ S. 79, a 2/b 2

Hoch in den Bergen gelegenes Restaurant. Es lohnt sich, das Kaninchen nach Jägerinnenart, »coniglio alla cacciatora«, zu probieren, das die Spezialität des Hauses ist.
Via Faranga; Tel. 0 81/99 94 36; Ostern–Okt. tgl. außer Di, Aug. kein Ruhetag ●● CREDIT

Procida

╌╌> S. 118, B 6/C 6

10 800 Einwohner
Karte → S. 85

P rocida, die kleinste der drei Inseln im Golf von Neapel, findet man im Gegensatz zu ihren berühmten Schwesterinseln Capri und Ischia in kaum einem Reisekatalog. Die Insel war noch nie »in Mode«, und dies scheint ganz im Sinne ihrer Bewohner zu sein.

D iese blicken auf eine lange Seefahrertradition zurück, und viele Männer Procidas fahren auch heute noch aufs Meer, womit sich ihr generelles Desinteresse am Tourismus erklären lässt. Die Seefahrtschule **Istituto Nautico Francesco Caracciolo** gehört zu den ältesten Italiens. Die Inselbewohner sind auf die Wahrung

ihrer überlieferten Traditionen bedacht. Ihre tief empfundene Religiosität zeigt sich nicht nur in der großen Anzahl der Kirchen und bei der volkstümlichen Karfreitagsprozession (→ MERIAN-Tipp, S. 86), sondern auch in den zahlreichen und oft kurios anmutenden Opfergaben der Seeleute, die damit ihre abenteuerlichen Schiffsreisen und wunderbaren Rettungen verewigt haben.

Die Beschaulichkeit der Insel mit ihrer herrlichen Landschaft und den Wein-, Obst- und Gemüsegärten im Osten (**Punta di Pizzaco** und **Punta Solchiaro**) sowie im Nordwesten zwischen der **Punta di Pioppeto** und der **Punta Ottimo** machen ihren besonderen Reiz aus.

A uch das Naturschutzgebiet des Inselchens **Vivara** und die wun-

derbaren Tauchgründe der Insel dürfen natürlich nicht vergessen werden. Das Strandleben spielt sich hauptsächlich im Westen der Insel ab, wo sich die dunklen Sandstrände **Ciraccio** und **Ciracciello** befinden. Die pastellfarbenen Häuser des Hafenzentrums **Sancio Cattolico** mit ihren orientalisch anmutenden Rundbögen wirken wie eine Filmkulisse. Der Autoverkehr wird im Sommer auf der ganzen Insel durch abendliche Fahrverbote geregelt, was der Inselidylle zugute kommt.

HOTELS/ANDERE UNTERKÜNFTE
Im Sommer ist die Insel vor allem bei italienischen Familien mit Kindern beliebt. Deshalb ist das Angebot an Ferienwohnungen auch erheblich größer als das an Hotels.

La Casa sul Mare ····⟩ S. 85, c 2
Eine romantische Unterkunft mit mediterranem Flair ganz in der Nähe des kleinen Fischerhafens Corricella.
Salita Castello 13; Tel. 0 81/ 8 96 87 99; www.lacasasulmare.it; 10 Zimmer
●● CREDIT 🐕

La Tonnara ····⟩ S. 85, a 3
Direkt am stimmungsvollen Jachthafen Chiaiolella liegt dieses neu eröffnete Hotel mit Restaurant.
Marina Chiaiolella 51/B; Tel. 0 81/8 10 10 52, Fax 8 96 93 53; www.latonnarahotel.it; 14 Zimmer; April–Okt. geöffnet ●● CREDIT

SEHENSWERTES
Abbazia di San Michele Arcangelo
····⟩ S. 85, c 2
Die Abtei aus dem 14. Jh. ist dem Erzengel Michael geweiht. Unbestrittenes Prunkstück der reichen Innenausstattung ist das in die Kassettendecke eingelassene Gemälde von Luca Giordano (1699). Es zeigt den Erzengel Michael im Kampf mit Luzifer. Ein weiteres eindrucksvolles Ölgemälde aus dem 17. Jh. mit dem Erzengel als Motiv ist im rechten Chor

zu sehen. Das Interessanteste an dieser Kirche sind jedoch ihre zum Teil skurril wirkenden drei Unterkirchen, die im Lauf der Jahrhunderte aus dem Felsen gehauen wurden. Durch ein schmiedeeisernes Tor betritt man zunächst die Bibliothek, in der auch die Krippe nebst Devotionalien aufbewahrt wird. Don Michele del Prete hat die Nachfolge des mittlerweile verstorbenen Pfarrers Don Luigi angetreten, der in der Kirche und im Museum verschiedene selbst gemachte Hinweis- und Verbotsschilder angebracht hatte, um den Besucher zu richtigem Verhalten anzuleiten.

Vorbei an einem Beinhaus erreicht man eine Kapelle aus dem 17. Jh., deren kleine Fenster auf das blaue Meer hinausgehen. Eindrucksvoll ist die letzte der drei Unterkirchen mit ihrem himmelblauen Deckenfresko und den Totenköpfen auf dem Marmoraltar. Man betritt die Kirche durch einen Seiteneingang. Sie ist am Vor- und Nachmittag geöffnet. Bemerkenswert auch der von Don Luigi verfasste kleine Führer zur Geschichte der Kirche (auch auf Deutsch erhältlich).

Terra Murata; tgl. 9.45–12.45 und 15–17.30 Uhr; Eintritt 2 €

Santa Maria delle Grazie

····⟫ S. 85, c 1

Auf dem Weg zur Terra Murata an der Piazza dei Martiri liegt diese kleine Barockkirche. Sie gehört zu den wenigen zugänglichen Kirchen der Insel. Von der Terrasse der Piazza dei Martiri hat man einen herrlichen Blick auf das Meer. Hier steht auch ein Denkmal für den einheimischen Staatsmann Scialoia aus dem 19. Jh.

Piazza dei Martiri; zu Messezeiten geöffnet

Terra Murata   ····⟫ S. 85, c 1/c 2

Das »gemauerte Land« ragt mit einer Höhe von 91 m über die Insel hinaus. Im 16. Jh. wurden die ersten Festungsmauern gebaut. Auf diesem höchsten Punkt der Insel liegt die schon von weitem sichtbare, mächtige Festungsanlage Procidas. Der Palast der Festung wurde 1563 von Innico d'Avalos, Kardinal von Aragon, gebaut. Keine

200 Jahre später gelangte er in den Besitz der Bourbonen, die ihn als Inselresidenz benutzten, um auf dem Inselchen Vivara der Fasanen- und Hasenjagd nachzugehen. 1799 wurde die Anlage Sitz einer Militärschule und später von 1822 bis 1988 als Zuchthaus genutzt. Die Festung selbst ist momentan nicht zugänglich, da über eine zukünftige Nutzung dieses historischen Gebäudes noch keine Entscheidung getroffen wurde. Der kleine, renovierte Stadtkern mit der Abbazia di San Michele Arcangelo, die man am Ende des steil ansteigenden Kopfsteinpflasters erreicht, liegt rechts von der Festung.

ESSEN UND TRINKEN

Gorgonia   ····⟫ S. 85, c 2

Am hübschen Fischerhafen gelegen, umgeben von pastellfarbenen Häusern, bietet dieses Restaurant vor allem Fischspezialitäten wie gegrillten Tintenfisch und köstliche Nudelgerichte mit Meeresfrüchten.

Via Marina Corricella 50; Tel. 0 81/ 8 10 10 60; April–Okt. tgl. geöffnet, Nov.–März nur Sa/So ●● CREDIT

Procida, die kleinste der Inseln im Golf von Neapel, ist nach wie vor für Urlauber attraktiv, die eine beschauliche Zeit verbringen wollen.

Der Fischfang ist auf Procida immer noch ein wichtiger Erwerbszweig.

La Medusa ····⟫ S. 85, c 1
Die rustikale Trattoria am malerischen Hafen Marina Grande gehört zu den ältesten der Insel. Im Sommer sind die Spaghetti ai ricci zu empfehlen.
Via Roma 116; Tel. 0 81/8 96 74 81; im Sommer kein Ruhetag, im Winter nur mit Vorbestellung ● CREDIT

Scarabeo ····⟫ S. 85, b 2
Oberhalb des Strandes von Ciraccio liegt inmitten eines Zitronenhains dieses rustikal eingerichtete Lokal. Ein Blick in die liebevoll eingerichtete Küche von Paola zeigt ihre Kochpassion. Unübertrefflich sind ihre »fettucine scarabeo«, Nudeln mit Auberginen-Tomaten-Sauce. Im Sommer kann man auch direkt unter Zitronenbäumen speisen.
Via Salette 10; Tel. 0 81/8 96 99 18; tgl. außer Mo, Nov. geschl. ● CREDIT

Bar del Cavaliere ····⟫ S. 85, c 1
Gepflegte Bar mit köstlichen Kuchen, am Haupthafen gelegen. Hier kann man sich am Morgen mit einem heißen Cappuccino und der Spezialität »lingua di bue« (süßes Gebäck) verwöhnen lassen.
Marina Grande; tgl. 8–24 Uhr CREDIT

SERVICE
Ferienwohnungen
Graziella Travel ····⟫ S. 85, c 1
Diese Reiseagentur, die Wohnungen, Hotels und auch Motorräder vermittelt, gibt eine kostenlose Inselbroschüre heraus.
Via Roma 117; Tel. 0 81/8 96 95 94, Fax 8 96 91 90; www.isoladiprocida.it

Sail-Italia (Bootsverleih)
→ MERIAN-Tipp, S. 29

Taxi
– Marina Grande; Tel. 0 81/8 96 87 85
– Marina Chiaiolella; Tel. 0 81/8 96 88 16

Ufficio Turistico ····⟫ S. 85, c 1
Corso Vittorio Emanuele 173;
Tel. 0 81/8 10 19 68

INSEL DES BRODELNDEN LEBENS.

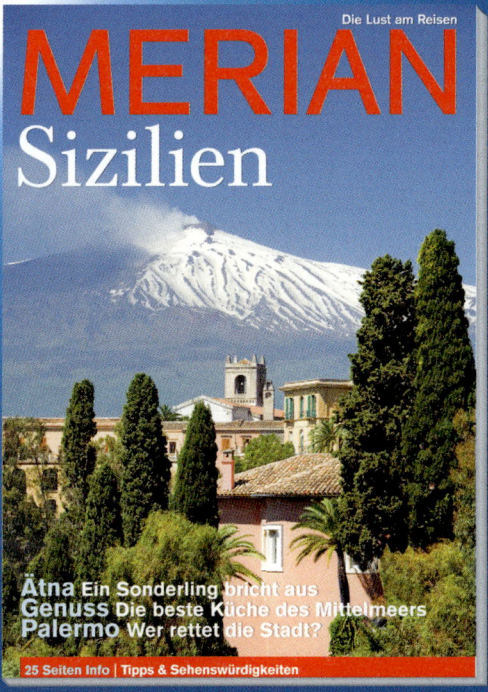

Routen und Touren

Die idyllische Bucht von Sorrento (→ S. 66) ist als Hafen ideal. Von den netten Hotels entlang der Uferstraße an der Costiera Amalfitana blickt man nicht nur übers weite Meer, sondern auch auf schöne Schiffe und Yachten.

Bei den Ausflügen, die durch zauberhafte Landschaften und vergessene Dörfer führen, wird
Geschichte lebendig. Die Region zeigt dabei ihre
vielen Gesichter.

Spaziergang durch die antike Ausgra-bungsstätte Paestum – Grandiose Tempel zu Ehren der griechischen Götter

Anfahrt: Autobahn A3 Salerno–Reggio di Calabria, Abfahrt Battipaglia, dann weiter auf der Staatsstraße 18 bis Capaccio Scalo und den Schildern nach Paestum folgen; **Charakteristik:** Spaziergang mit festen Schuhen; **Länge:** Rundgang ca. 2 km; **Dauer:** Halbtagestour ohne Anfahrt; **Einkehr- und Übernachtungsmöglichkeiten:** Agriturismo Podere Rega, Via Principe di Piemonte (früher: Via Porta Giustizia), 84047 Paestum-Capaccio (SA), in unmittelbarer Nähe der Ausgrabungsstätte; 4 Zimmer, kleines rustikales Lokal mit regionaler Küche aus Eigenanbau; Tel. 08 28/72 24 32 (nur mit Vorbestellung) ● CREDIT . Tenuta Seliano, 84063 Paestum-Capaccio (SA); 14 Zimmer, stilvolles Landgut mit Obstanbau, Pferden und Büffelzucht; Tel. 08 28/72 36 34, Fax 72 45 44; www.agriturismoseliano.it ●● CREDIT ♿ 🐎 ; **Karte:** ┈╴➔ S. 121, südöstl. F 12

Wie Pompeji gehört Paestum zu den bedeutendsten archäologischen Ausgrabungsstätten in Italien. 600 v. Chr. gründeten die Griechen hier eine Kolonie, die sie dem Meeresgott zu Ehren Poseidonia nannten. Die Fruchtbarkeit des Bodens und die für Handelsbeziehungen gute Lage verschafften der Stadt großen Reichtum, der in der Pracht der drei dorischen Tempel noch heute zum Ausdruck kommt. Die Lukaner, ein italischer Volksstamm, eroberten Poseidonia 200 Jahre später. Ihre Herrschaft dauerte bis 273 v. Chr., als die Stadt römische Kolonie wurde und den Namen Paestum bekam. In der Spätantike verarmte der Ort und wurde im Mittelalter aufgrund der Sarazenenangriffe vom Meer, der zunehmenden Versumpfung und der damit zusammenhängenden Malaria von seinen Bewohnern endgültig verlassen.

Die Stadt gerät in Vergessenheit, obwohl die mächtigen Tempel aus der dichten Vegetation herausragen und vom Meer her sichtbar sind. Erst Mitte des 18. Jh. werden die monumentalen Kultstätten durch die Reisenden der »grand tour« wieder entdeckt, und die Faszination der großartigen Tempel, die sich harmonisch in die Landschaft einfügen, ist bis heute ungebrochen.

Drei gut erhaltene Kultstätten

Das Ausgrabungsgelände zeigt Reste aus dem griechischen und römischen Zeitalter. Es wird von den Fragmenten der antiken, 5 km langen Stadtmauer umgeben. Verglichen mit dem Touristentrubel in Pompeji ist Paestum eine wahre Oase der Stille, denn der Besucherstrom verläuft sich sehr schnell auf dem weitläufigen Gelände. Nördlich des Haupteingangs liegt der um 500 v. Chr. errichtete **Athenatempel**, auch als Cerestempel bekannt. Der Göttin der Weisheit und der Künste gewidmet, erhebt er sich repräsentativ an der höchsten Stelle der Stadt. Das ausgewogene Verhältnis der Säulen verweist auf das klassische Schönheitsideal. Die Vorhalle der Cella wurde von acht Säulen mit ionischen Kapitellen getragen, zwei davon sind im Archäologischen Nationalmuseum zu besichtigen, das sich direkt gegenüber dem Ausgrabungsgelände befindet. Früher wurde dieser Tempel als christliche Kirche benutzt.

Vom Athenatempel aus geht man in südliche Richtung am römischen Amphitheater vorbei, von dem, wie auch von den römischen Bädern, nur wenig erhalten blieb. Man überquert dann den rechteckigen Forumsplatz, von dessen einst überdachtem Portikus heute noch einige Säulen zu bewundern sind. In imposanter Größe erhebt sich hier der jüngste der drei Tempel: Der sehr gut erhaltene **Poseidontempel** (450 v. Chr.) besticht durch seine streng symmetrischen Proportionen. Er gilt als vollkommenes Beispiel klassischer griechischer Architektur. Daneben liegt die so genannte **Basilika**, der älteste griechische Tempel in Paestum (650 v. Chr.). Die Entdeckung kleiner Votiv-Tonfiguren lässt vermuten, dass das Gebäude der Göttin Hera geweiht war. Der Tempel zeichnet sich vor allem durch seine fünfzig gedrungen wirkenden Außensäulen aus, die sich nach oben allmählich verjüngen. Reste seiner einst farbenprächtigen Stuckdekorationen werden im Archäologischen Nationalmuseum gezeigt.

»Grab des Tauchers«
Außerdem sind im Museum wertvolle Fundstücke aus Paestum zu sehen, z. B. eine Sammlung von antiken Terracotta-Köpfen sowie Kapitelle und Metopen-Reliefs mit Szenen aus der griechischen Mythologie. Einzigartig ist die Sammlung bemalter antiker Grabplatten, darunter das weltberühmte »Grab des Tauchers« (480 v. Chr.), das 1968 in einer nahe bei Paestum liegenden Nekropole ausgegraben wurde. Bei diesen Grabplatten handelt es sich um die einzig vollständig erhaltene Wandmalerei aus der griechischen Klassik. Welch große Bedeutung die antiken Griechen der Malerei zuschrieben, die sie für die edelste aller Künste hielten, ist bei der Betrachtung dieser Exponate leicht nachzuvollziehen.

Info:
Scavi Archeologici di Paestum
Via Magna Grecia; www.infopaestum.it; tgl. 9 Uhr bis zwei Stunden vor Sonnenuntergang geöffnet; Eintritt 4 €, mit Museum 6,50 €

A.A.S.T.P. – Touristeninformation (neben dem Museum)
Via Magna Grecia 887/891, 84063 Paestum; Tel. 08 28/81 10 16, Fax 72 23 22; www.infopaestum.it

Museo Archeologico Nazionale
Via Magna Grecia; Tel. 08 28/81 10 23; tgl. außer am 1. und 3. Montag des Monats 8.45–18.30 Uhr; Eintritt 4 €, Tageskarte für Museum und Ausgrabungsstätte 6,50 €

Vollkommen ausgewogene, klassische Proportionen inmitten einer arkadischen Landschaft: der um 500 v. Chr. erbaute Athena- oder Cerestempel in Paestum.

Die Costiera Amalfitana entlang – Traum-panorama auf kurvenreicher Strecke

Charakteristik: sehr kurvenreiche Autotour auf der SS 163; **Länge:** ca. 40 km; **Dauer:** Tagesausflug; **Einkehrmöglichkeit:** Pasticceria Salvatore De Riso; in dem Café mit Blick auf die Promenade lassen sich die köstlichen Leckereien auf der Basis von Zitronen in Ruhe genießen; unübertroffen gut: »delizia al limone«. Piazza Cantilena 1, Minori; Tel. 0 89/85 36 18; www.deriso.it; im Sommer tgl. 10–20 Uhr, im Winter Mi geschl.; **Karte:** ⟶ S. 121, E 11–S. 120, B 11

Die Fahrt entlang der kurvenreichen Küstenstraße **Amalfitana** bietet unvergessliche Ausblicke auf die klippenreiche Küste und ihre zauberhaften Ortschaften. Die Tour beginnt in dem für seine Keramikarbeiten bekannten Städtchen **Vietri sul Mare.** Nach etwa fünf Kilometern erreicht man das malerische **Cetara,** dessen mittelalterlicher Fischerhafen unterhalb der Küstenstraße liegt. Nur wenige Kurven weiter weist ein leicht zu übersehendes Schild nach **Erchie,** einen der kleinsten Küstenorte. Die winzige Fischerbucht mit Badestrand konnte ihre familiär anmutende Atmosphäre bewahren. In der Vor- und Nachsaison ist man hier fast allein am Strand.

Maiori → Amalfi
Danach geht es weiter in Richtung **Maiori.** Die Küstenstraße führt direkt durch den vorwiegend von moderner Architektur geprägten Badeort, der einen für die Amalfiküste breiten Strand aufweisen kann. Nun folgt das kleinere **Minori,** das schon von den antiken Römern als Sommerfrische geschätzt wurde. Hier können die seltenen Reste einer römischen **Villa Marittima** am Meerufer besichtigt werden. Von der Villa können das Schwimmbad, die Thermen und das Triclinium besucht werden (Villa Romana, Via Gatto; tgl. 9 Uhr bis 1 Stunde vor Sonnenuntergang; Eintritt frei). Über **Atrani,** das an der Mündung des Drachentals liegt und einst Sitz eines herzoglichen Hofs war, geht es weiter nach **Amalfi** (→ S. 61).

Conca dei Marini → Positano
Auf der Weiterfahrt erreicht man kurz nach dem Ort **Conca dei Marini** den Zugang zur **Grotta di Smeraldo,** die durchaus mit der Blauen Grotte auf Capri konkurrieren kann. Danach kommt der einmalige Ort **Furore:** Er liegt unten an einem Fjord – dem einzigen in Südeuropa. Dem Fischerdorf **Praiano,** das mit Sandstrand und Restaurants zum Verweilen einlädt, folgt schließlich das legendäre **Positano** (→ S. 63).

Eine der zahlreichen idyllisch gelegenen Badebuchten entlang der Amalfiküste.

In der Umgebung von Caserta
– Ein Versailles des Südens

Charakteristik: einfache, gut ausgeschilderte Autotour; **Länge:** 46 km; **Einkehrmöglichkeiten:** Ristorante Il Borgo in Caserta Vecchia; das Lokal hat eine wunderschöne Gartenterrasse und gute regionale Küche. Via Sopra Le Mura; Tel. 08 23/37 12 95; Mo geschl. ●● CREDIT Das Restaurant Mastrangelo serviert im Sommer seine Speisen auch im malerischen Innenhof des ehemaligen Bischofssitzes von Caserta Vecchia. Piazza Duomo; Tel. 08 23/37 13 77; Di geschl. ●● CREDIT ; **Karte:** ---> S. 116/117, C–E 2

Von Neapel nimmt man die Autobahn in Richtung Rom und fährt in Caserta Nord ab. An der Ausfahrt hält man sich links und fährt geradeaus bis zum königlichen Schloss, der **Reggia di Caserta**. Diesen prunkvollen Barockbau ließ der Bourbonenkönig Karl III. ab 1752 als ein Versailles des Südens erbauen. Beeindruckend ist vor allem der 120 ha große **Park**, der – wie auch das Schloss – von dem renommierten neapolitanischen Architekten Luigi Vanvitelli nach französischem Vorbild gestaltet worden ist. Um die Wasserversorgung des Schlosses und der kunstvollen Wasserspiele im Park zu sichern, musste eigens ein 41 km langes Aquädukt gebaut werden, das so genannte Acquedotto Carolino. Dessen Bauzeit betrug zwölf Jahre und kostete den König fast genauso viel wie der Bau des Schlosses. Vor allem die den Park charakterisierende »cascata all'italiana«, die am oberen Ende des Parks an einem Schlösschen als Wasserfall beginnt und sich dann in Verlängerung der Mittelachse der Reggia dreimal zu langen rechteckigen Becken erweitert, braucht enorme Mengen an Wasser. Am Fuße des Wasserfalls stellen im imposanten so genannten Dianabrunnen lebensgroße Marmorfiguren Szenen aus der griechischen Aktäon-Sage dar. Hier liegt auch der Eingang zum **Englischen Garten**, der auf Wunsch von Maria Carolina von Habsburg, der Gemahlin Ferdinands IV. (Sohn und Nachfolger von Karl III.) angelegt wurde. Der 25 ha

große Garten mit seltenen Pflanzen, Bächen und künstlichen Ruinen entsprach der damaligen neuesten Mode (Führungen finden von 9.30 bis 13 Uhr jede volle Stunde statt; schließt eine Stunde vor dem Park).

Vom Parkeingang gesehen auf der linken Seite befindet sich, umgeben von schattigen Baumalleen, die sehenswerte Miniaturfestung Castellucia mit Wassergraben und Zugbrücke. Hier übten sich im 18. Jh. die Prinzen des bourbonischen Hofes spielerisch in der Verteidigungskunst.

Wer es eilig hat, kann sich auch mit einem Bus zu dem drei Kilometer entfernten, einst mächtigen Wasserfall fahren lassen und so einen Überblick über Schloss und Parkanlage gewinnen. Zum Besuch der Innenräume des Schlosses bedarf es wenigstens eine Stunde.

Reggia di Caserta → San Leucio
Um im Anschluss nach **San Leucio** zu gelangen, das neben der Reggia di Caserta und dem Aquädukt seit 1997 zu den von der UNESCO geschützten Denkmälern zählt, geht es auf der parallel zum Schloss verlaufenden Straße weiter. Man fährt geradeaus bis zur Piazza Dante, an der man links abbiegt und weiter geradeaus in Richtung Caiazzo fährt. Auf dieser Straße erreicht man dann nach wenigen Kilometern den kleinen Ort San Leucio, früher ein bewaldeter Berg, der von den Bourbonen erworben wurde, um die Wasserversorgung des Königsschlosses zu vereinfachen. Hier ließ Ferdinand IV. Ende des 18. Jh. eine

kleine »Idealstadt« einschließlich kö-
niglichem Schloss entstehen. Obers-
ter Grundsatz bei der Planung war die
Gleichheit aller Individuen. Die wirt-
schaftliche Grundlage bildete die Sei-
denmanufaktur, in der Männer und
Frauen arbeiteten. Der Monarch bot
allen Einwohnern eine Schul- und Be-
rufsausbildung und sorgte für eine
Kranken- und Rentenkasse.

Vom Mittelpunkt des Ortes, einem kleinen runden Platz, führen
zwei Freitreppen zu der königlichen
Residenz, zur Kirche und der in den
Seitenflügeln untergebrachten ehemaligen Manufaktur. Der vollständig
renovierte Gebäudekomplex beherbergt heute ein Museum der Seiden-
produktion und ist zu besichtigen:
tgl. außer Di 9.30–17.30 Uhr (Winter
bis 17 Uhr); Eintritt 6 € inklusive Führung durch Museum und Garten.
Unter den eher kleinen und einfach
ausgestatteten Räumen beeindruckt
das Bad der Königin durch Prunk und
eine Badewanne in der Größe eines
Schwimmbads. Die Wände wurden
vom Landschaftsmaler Philipp Hac-
kert mit Fresken geschmückt. Für
die Bevölkerung des Ortes ließ Ferdinand IV. in den Ortsteilen San Ferdinando und San Carlo zweistöckige
Reihenhäuser errichten. Sie erstrahlen wieder in neuem Glanz, und die
Bewohner arbeiten zum Teil heute
noch in den umliegenden Betrieben
zur Seidenherstellung. Am 2. Juli, zu
Ehren der von Ferdinand IV. sehr ver-
ehrten Madonna delle Grazie, wird in
San Leucio neben einer Prozession
ein Umzug in historischen Kostümen
mit musikalischer Begleitung veranstaltet, der durch nach Themen ge-
ordnete Gruppierungen ein Bild des
alltäglichen Lebens zu Zeiten der königlichen Kolonie »Ferdinandopolis«
wiedergibt. Zudem findet im Sommer
das Leuciana Festival mit kulturellen
Veranstaltungen im Schlosshof statt
(Kartenvorverkauf: Ticketteria, Via
Gemito 81, 81020 Caserta; Tel.
08 23/35 33 36).

San Leucio → Caserta Vecchia

Um später die Fahrt nach **Caserta
Vecchia** fortzusetzen, muss man nach
Caserta zurückfahren und von dort
aus den Schildern folgen. Caserta
Vecchia, ein mittelalterliches Städtchen, liegt versteckt 400 m hoch am
Hang des Monte Virgo. Besonders im
Sommer wird es mit seinen malerischen, schmalen Gassen, alten Häusern und rustikal eingerichteten Lokalen zu einem beliebten Ausflugsziel. Eindrucksvoll ist die auf das
12. Jh. zurückgehende Kathedrale
San Michele, in der sich romanische
und arabisch-normannische Bauele-
mente kunstvoll vereinen. Die ganz
mit Tuffstein verkleidete Fassade hat
drei Marmorportale, die mit Tierskulp-
turen (Löwen, Stiere, Pferde) verziert
wurden. Die zwei Säulenreihen, die
die drei Schiffe im Innern des Doms
teilen, stammen aus einem antiken
Tempel.

Informationen unter:
www.comune.caserta.it und
www.sanleucionline.it

*Ziel der Fahrt durch die Monti Lattari ist
Amalfi (→ S. 61), der zauberhafte
Hauptort der amalfitanischen Küste.*

Durch die Monti Lattari – Römische Villen und malerisch gelegene Bergdörfer

Charakteristik: kurvenreiche Straße; **Länge:** ca. 80 km; **Dauer:** mit Besichtigungen Tagesausflug; **Einkehrmöglichkeit:** Da Gemma; gehört zu den berühmtesten Lokalen in Amalfi. Im Sommer blickt man von der Terrasse direkt auf die Piazza vor dem Dom. Frische Nudeln und Fischsuppe gehören zu den Spezialitäten des Hauses. Via Fra Gerardo Sasso 10, Amalfi; Tel. 0 89/87 13 45; im Winter Mi geschl. ●● CREDIT ; **Karte:** ⤳ S. 119, E 5–S. 120, C 11

Besonders in den warmen Sommermonaten und an Sonn- und Feiertagen, wenn die Küstenstraßen meist völlig überlastet sind, bietet sich diese Fahrt durch die Berge an. Kommt man aus Neapel, so fährt man zunächst auf der Autobahn in Richtung Salerno bis nach **Castellammare di Stabia**. In diesem kleinen, am Meer gelegenen Kurort mit Thermalzentrum spürt man bereits ein wenig von der Ferienortatmosphäre der Sorrentiner Küste.

Stabiae → Gragnano
Von hier aus führt eine Seilbahn alle 20 Minuten vom Bahnhof der »Circumvesuviana« auf den **Monte Faito** (1131 m), von dem man ein herrliches Panorama vom Golf von Neapel bis zur Costiera Amalfitana hat. Gute, trainierte Wanderer können von diesem Ausgangspunkt zu einer fünf- bis achtstündigen Höhenwanderung aufbrechen, die in Positano endet. Auch in Castellammare wurde in der Hoffnung auf antike Schätze – ein Jahr später als in Pompeji – mit Grabungen begonnen. Denn der in der Antike **Stabiae** genannte Ort wurde im Jahr 79 ebenfalls vom Aschenregen des Vesuv begraben. Die Ruinen mehrerer römischer Vorstadtvillen wurden allerdings erst im 20. Jh. systematisch zu Tage gefördert. Die Fundorte befinden sich in Hügellage mit Blick auf den Golf von Neapel an der so genannten »passeggiata archeologica« im Nordosten des Stadtzentrums. Zwei der antiken Landhäuser, einst glanzvolle römische Residenzen, die

Villa San Marco und die **Villa Arianna**, sind nach langen Restaurationsarbeiten nun wieder zu besichtigen (Eintritt 5,50 €, Öffnungszeiten wie Pompeji). Die Fahrt geht anschließend weiter in Richtung der **Monti Lattari** nach **Gragnano**.

Lettere → Amalfi
Hier angelangt, sollte man einen kurzen Stopp im Ortsteil **Lettere** machen und der Burgruine aus dem 10. Jh. mit ihrem herrlichen Blick auf den Vesuv und die Sarno-Ebene einen Besuch abstatten. Eine gut ausgebaute Straße (366) führt von Gragnano über **Pimonte**, einen beliebten Ort für Sommerfrischler. Die Fahrt geht kurvenreich weiter. Danach folgt jedoch zwischen zwei Aussichtspunkten eine relativ gerade Strecke. Hinter einem Tunnel erreicht man das Dorf **Pianillo**, das bereits zur Gemeinde **Agerola** gehört. Pianillo hat eine sehenswerte Dorfkirche, die Parrocchiale di San Pietro, die aus dem 14. Jh. stammt und einen Glockenturm mit Majolikakuppel besitzt. Die Gemeinde Agerola liegt im Zentrum der Monti Lattari auf 666 m Höhe und besteht aus einem Zusammenschluss mehrerer kleiner Bergdörfer. Die herrliche Lage an den terrassenförmig gestalteten Hängen und der ursprünglich gebliebene Dorfcharakter der Orte machen den Reiz der Gegend aus. Folgt man der Hauptstraße weiter in Richtung Meer, erreicht man nach einigen Serpentinen Furore. Durch Tunnel und über Brücken gelangt man schließlich entlang der Küste nach Amalfi.

Von Santa Maria Capua Vetere nach Sant'Angelo in Formis – Highlights aus Antike und Mittelalter

Charakteristik: einfache Autofahrt; **Länge:** ca. 20 km; **Dauer:** mit Besichtigungen Tagesausflug; **Einkehrmöglichkeit:** Masseria Giò Sole; alter Landsitz mitten im Grünen mit eigener landwirtschaftlicher Produktion, für Kinder ein Paradies. Via Giardini 31, Capua; Tel. 08 23/96 11 08, Fax 62 78 28; nur mit Vorbestellung ●● `CREDIT` ; **Karte:** ····⟩ S. 117, D 2–S. 116, C 1

Ausgangspunkt dieser Besichtigungs-tour ist **Caserta**. Westlich der Stadt – das königliche Schloss im Rücken – gelangt man auf die **Via Appia Antica.**

Caserta → Santa Maria Capua Vetere
Kaum hat man Caserta verlassen, er-scheint auf der linken Seite ein drei-geschossiges römisches Grabdenk-mal, die **Canocchia**. Es geht auf die späte Kaiserzeit (2. oder 3. Jh.) zurück. Man folgt der Staatsstraße weiter und durchquert die kleine Ortschaft Curti, der sich **Santa Maria Capua Vetere** direkt anschließt. Hinter die-sem Ortsnamen versteckt sich das antike Capua, jahrhundertelang eine der reichsten und mächtigsten Städte Kampaniens. Zeugnis dieser Pracht sind die Reste des großen, einst drei-stöckigen **Amphitheaters** aus dem 2. Jh., das mit seiner Größe von 170 mal 140 m dem Kolosseum nur wenig nachsteht. Diese Anlage befindet sich abseits der modernen Touristen-routen und kommt wohl der romanti-schen Vorstellung einer römischen Ruine am nächsten.

Capua → Sant'Angelo in Formis
Nach der Besichtigung fährt man die kleine Baumallee zurück zur Haupt-straße und weiter geradeaus auf der alten römischen Straße nach **Capua.** Das kleine, gepflegte Städtchen an der römischen Via Appia Antica blickt auf eine bewegte Vergangenheit zu-rück. Es wurde an der Stelle des römi-schen Ortes Casilium errichtet, der einst der Hafen des antiken Capua am Fluss **Volturno** war. Imposant und schon von weitem sichtbar erscheint die über den Volturno gebaute römi-sche Brücke mit den Ruinen des Brückentors von Friedrich II. In den repräsentativen Gebäuden der Stadt findet man überall Bauteile aus dem **Anfiteatro Campano** des antiken Ca-pua, z. B. die sieben riesigen Kopf-konsolen an der Fassade des Rathau-ses, das 1561 errichtet wurde. Se-henswert sind zudem die kleine Kirche San Marcello aus dem 12. Jh. und der Dom aus dem 11. Jh.

Danach fährt man nach Santa Maria Capua Vetere zurück und bis zum Ortsteil **San Prisco**. Hier sollte man der Kirche San Prisco einen Be-such abstatten, denn in einer ihrer Seitenkapellen befinden sich die Überreste einer frühchristlichen Kir-che mit sehenswerten Originalmosa-iken aus dem 6. Jh.

Von San Prisco aus fährt man zum nordöstlich liegenden **Sant'An-gelo in Formis** ab. Der kleine, von der Landwirtschaft geprägte Ort ist vor allem durch seine **Basilika** bekannt, die auf den Ruinen eines römischen Tempels gebaut wurde und wegen ihrer bedeutenden Fresken zu den interessantesten mittelalterlichen Kir-chen der Region gehört. Es handelt sich hierbei um den größten Fresken-zyklus Italiens vom Ende des 11. Jh. im typisch cassinensischen Stil, der stark von Byzanz beeinflusst ist. Ne-ben der Kirche sind auch der Glocken-turm und das Eingangsportal im Ori-ginal erhalten.

Von Ravello nach Minuta – Natur- und Kulturgenuss hoch über dem Meer

Charakteristik: einfacher Spaziergang; **Länge:** ca. 3 km; **Höhenunterschied:** etwa 120 m; **Dauer:** ein bis zwei Stunden; **Schwierigkeitsgrad:** leicht; **Einkehrmöglichkeit:** Palazzo della Marra; elegantes Restaurant in einem antiken Adelspalast, bietet feine regionale Küche. Via della Marra 7, Ravello; Tel. 0 89/85 83 02; Di geschl. ●●● CREDIT ; **Karte:** ····⟩ S. 120, C 11

Der leicht ansteigende Spaziergang beginnt in Ravello. Seine außergewöhnlich schöne Lage 350 m oberhalb von Amalfi machte es berühmt. Von Ravello aus führt der Weg durch die westlich von **Scala** gelegenen kleinen Bergdörfer. Man verlässt zunächst Ravello auf der nach Amalfi hinabführenden Straße, biegt jedoch an der ersten Kreuzung (großes Hinweisschild aus Keramikfliesen) rechts nach Scala (374 m) ab. Das Dorf geht auf eine römische Gründung zurück und gehörte im Mittelalter zum Städtebund von Amalfi. Nach kurzem Anstieg erreicht man den Ortseingang. Hier biegt man rechts in die ansteigende **Via San Pietro** (blaues Hinweisschild beachten) ein, die zur gleichnamigen kleinen Kirche führt. Geht man an der Kirche vorbei, kommt man zirka 5 Minuten später zu einer Wegkreuzung. Hier hält man sich links (großer Sportplatz). Der Weg wird nun bald flacher, und man hat einen wunderschönen Blick auf Ravello und das Meer.

Campidoglio → Minuta

Nach etwa einer halben Stunde Gehzeit gelangt man dann auf der wieder ansteigenden Straße zur Ortschaft **Campidoglio** auf 470 m Höhe. Hier liegt links am Ortseingang die kleine Barockkirche **Chiesetta dell'Annunziata**. Man durchquert den Ort und erreicht auf der nun abwärts führenden Straße bald **Minuta** (380 m), von wo aus sich ein treppenreicher Fußweg bis nach Amalfi zieht. Bleibt man auf der an Minuta vorbeiführenden Hauptstraße, gelangt man nach etwa

20 Minuten nach Scala zurück. Die Straße führt direkt zum Hauptplatz des Ortes, auf dem sich der Dom **San Lorenzo** mit seinem romanischen Portal erhebt. Im Innern sind die helle Krypta sowie ein einzigartiges Grabmal aus Stuck, das in der Spätgotik (1399) für die Familie Corgola entworfen wurde, sehenswert.

Der Dom erinnert beredt daran, dass Scala eine ruhmvolle Vergangenheit besitzt: Es ist der älteste Ort der amalfitanischen Küste, von hier aus wurden Amalfi und Ravello gegründet. Der Stifter des Johanniterordens, Fra Gerardo Sasso, wurde hier geboren.

Durchquert man den Ort, führt die Straße nach Ravello zurück.

Uralte Kulturlandschaft: Felder auf terrassierten Hängen in der Gegend von Ravello (→ S. 65).

Wissenswertes über Amalfi-küste und Golf von Neapel

Ein höchst eindrucksvolles Spektakel ist die alljährlich stattfindende Oster-prozession in Sorrento (→ S. 66). Je nach Bruderschaft haben die Kutten und Kapuzen eine andere Farbe.

Hier erfahren Sie Wichtiges über die Region und erhalten kompakte und aktuelle Infos für Ihre Reiseplanung. Sprachführer, Essdolmetscher und Nebenkostentabelle sind vor Ort nützlich.

Jahreszahlen und Fakten im Überblick

Spätes Tertiär
Durch die Faltung der Erdkruste entstehen die Apenninen. Die Sorrentinische Halbinsel ragt als Schnittlinie der sich absenkenden Kampanischen Ebene mit den Golfen von Salerno und Neapel hervor. Auch Capri, ein Kalksteinblock, der sich vom Festland abtrennt, bleibt erhalten.

Altsteinzeit
Capri ist bereits besiedelt, wie verschiedene Knochen- und Steinwaffenfunde beweisen.

Um 750 v. Chr.
Griechische Siedler, die dem Sirenenkult anhängen, gründen auf der Felsklippe, wo heute das Castel dell'Ovo steht, eine kleine Niederlassung (Parthenope).

500 v. Chr.
Griechen aus Cumae gründen die neue Stadt Neapolis (im Gebiet des heutigen historischen Zentrums).

Um 330 v. Chr.
Capri und Neapel werden vom Römischen Reich erobert.

194 v. Chr.
Die Römer gründen die Kolonie Puteoli, das spätere Pozzuoli.

29 v. Chr.
Kaiser Augustus fordert Capri im Tausch gegen die Insel Ischia und lässt hier wie auch in Sorrento kaiserliche Villen errichten.

26–37 n. Chr.
Augustus' Nachfolger Tiberius lenkt das Römische Imperium von Capri aus.

79 n. Chr.
Beim Vesuvausbruch am 24. August werden Pompeji, Ercolano (Herculaneum) und der Kurort Stabiae unter einem Regen aus Asche und Steinen verschüttet. Prominentestes Opfer war Plinius d. Ä.

476
Untergang des Weströmischen Reiches durch den Einfall der Germanen. Der letzte Kaiser Roms, Romulus Augustulus, stirbt im Castel dell'Ovo in Neapel.

763
Neapel wird Herzogtum mit weitgehenden Freiheiten gegenüber Ostrom (Byzanz).

800–900
Tunesische Sarazenen fallen plündernd in Capri und in die Küstenregionen ein.

1137
Goldenes Zeitalter in Süditalien unter den Normannen. Roger II. vereinigt Sizilien und Unteritalien zu einem Königreich.

1224–1250
Der Staufer Friedrich II. (Sohn Heinrichs VI., der 1190–1197 Kaiser des Heiligen Römischen Reiches Deutscher Nation war) gründet in Neapel eine Universität. Die Stadt wird wieder ein geistiges Zentrum.

1266
Das Haus Anjou erobert Neapel und wird vom Papst mit Sizilien belehnt. Konradin, der letzte Staufer, zieht gegen Karl von Anjou zu Felde und wird 16-jährig auf dem Marktplatz in Neapel enthauptet. Nach dem Verlust Siziliens an das spanische Aragón wird Neapel Hauptstadt der Anjou.

1442
Durch den Sieg Alfons' V. von Aragón über die Anjou werden die Königreiche Neapel und Sizilien vereint.

1504
Herrschaft der spanischen Vizeköni-
ge. Die Aristokratie wird an den Hof
gebunden und verändert das neapolitanische Stadtbild.

17. Jahrhundert
Mehrere soziale und Naturkatastro-
phen prägen die Region: Hungers-
nöte, 1631 der Vesuvausbruch, 1647
der Masaniello-Aufstand, 1656 die
Pestepidemie, die ein Drittel der Bevölkerung Neapels dahinrafft, und
1688 das Erdbeben.

1709/1749
Die von Vesuv-Asche bedeckten
Städte Herculaneum (Ercolano) und
Pompeji werden wiederentdeckt, und
offizielle Ausgrabungen folgen.

1713
Die Königreiche Neapel und Sizilien
fallen nach dem Spanischen Erbfolge-
krieg an die österreichischen Habs-
burger.

1787
Goethe besucht Neapel auf seiner Italienreise.

1799
Die so genannte Parthenopäische Republik – gegründet von der französi-
schen Armee – existiert von Januar bis
Juni.

1806
Napoleon I. setzt seinen Bruder Joseph
und später seinen Schwager Murat
als König von Neapel und Sizilien ein.

1815
Rückkehr der Bourbonen nach Neapel.

1860
Giuseppe Garibaldi führt die Truppen
Vittorio Emanueles in die Stadt. Pro-
klamation der Einheit Italiens.

1884
Die Cholera wütet in Neapel.

28. September–1. Oktober 1943
Die Neapolitaner vertreiben die deut-
sche Besatzungsmacht. Einen Tag
später wird Neapel von den Alliierten
besetzt.

50er Jahre
Im Zuge ungebremster Bauspekula-
tion unter dem Bürgermeister und
Reeder Achille Lauro schiebt sich die
Stadt unaufhaltsam in die grünen Hü-
gel des Vomero.

1973
Erneute Choleraepidemie in Neapel.

23. November 1980
Ein schweres Erdbeben trifft Neapel.
Der Großteil der Bevölkerung ver-
bringt Tage und Nächte auf den Plätzen der Stadt.

1993
Durch die Aktion »mani pulite«, die
gegen Schmiergeldaffären und Kor-
ruption angeht, landet eine Vielzahl
von Politikern im Gefängnis. Antonio
Bassolino wird Bürgermeister.

1994
Für das Treffen der sieben führenden
Industrienationen in Neapel putzt
sich die Stadt heraus und zeigt, dass
sich eine Menge verändert hat.

1995
Die jährliche Kampagne der offenen
Tür zur Besichtigung von Kulturgü-
tern wird von Neapel übernommen.

1996
Bei den Parlamentswahlen erringt Italiens Linke einen historischen Sieg.

2000–2007
Antonio Bassolino ist Präsident der
Region Kampanien. Rosa Iervolino
wird als Bürgermeisterin von Neapel
wiedergewählt und setzt das Mitte-
Links-Bündnis fort, während in Italien
mit der Wahl von Romano Prodi ein
Regierungswechsel stattfindet.

Nie wieder sprachlos

Wichtige Wörter und Ausdrücke

Ja	sì
Nein	no
Bitte	per favore, per piacere
Und	e
Wie bitte?	prego, come?
Ich verstehe nicht	non capisco
Entschuldigung, entschuldigen Sie	scusa, scusi
Guten Morgen, guten Tag	buon giorno
Guten Abend	buona sera (sagt man in Italien schon nachmittags)
Gute Nacht	buona notte
Hallo	ciao
Ich heiße ...	mi chiamo ...
Ich komme aus ...	(io) vengo da ...
Wie geht's ?	come va?
Danke, gut	bene, grazie
Wer, was, welcher	chi, (che)cosa, quale
Wie viel?	quanto?
Wo ist?	dove è?
Wann?	quando?
Wie lange?	per quanto tempo?
Sprechen Sie Deutsch?	Lei parla tedesco?
Auf Wiedersehen	arrivederci
Heute	oggi
Morgen	domani

Zahlen

null	zero
eins	uno
zwei	due
drei	tre
vier	quattro
fünf	cinque
sechs	sei
sieben	sette
acht	otto
neun	nove
zehn	dieci
hundert	cento
tausend	mille
zehntausend	diecimila
hunderttausend	centomila

Wochentage

Montag	lunedì
Dienstag	martedì
Mittwoch	mercoledì
Donnerstag	giovedì
Freitag	venerdì
Samstag	sabato
Sonntag	domenica

Mit und ohne Auto unterwegs

Wie weit ist es nach ...?	Quanto è distante ...?
Wie kommt man nach ...?	Come si arriva a ...?
Wo ist ...	Dove è ...
– die nächste Werkstatt?	– l'officina più vicina?
– der Bahnhof/ Busbahnhof?	– la stazione/stazione del pullman (autobus)?
– die nächste Bus-Station?	– la fermata del pullman (autobus) più vicina?
– der Flughafen?	– l'aeroporto?
– die Touristen-information?	– l'ufficio turistico?
– die nächste Bank?	– la banca più vicina?
– die nächste Tankstelle?	– il distributore di benzina?
Wo finde ich einen Arzt/ eine Apotheke?	Dove trovo un medico/ una farmacia?
Bitte voll tanken	Per favore, il pieno di benzina
Super	benzina super
Bleifrei	senza piombo/ benzina verde
Diesel	diesel
Mischung	miscela per motocicli
rechts	destra
links	sinistra
geradeaus	diritto

Ich möchte ein Auto/ein Fahrrad mieten	*Vorrei noleggiare un automobile/ una bicicletta*
Wir hatten einen Unfall	*Abbiamo avuto un incidente*
Bitte eine Fahrkarte nach ...	*Per favore, un biglietto per ...*
Hin und zurück	*andata e ritorno*

Hotel

Ich suche ein Hotel	*Cerco un albergo*
Ich suche ein Zimmer für ... Personen	*Cerco una camera per ... persone*
Ich möchte ein Zimmer mit Bad	*Vorrei una camera con bagno*
Haben Sie noch ein Zimmer frei?	*Lei ha ancora una camera libera?*
– für eine Nacht	*– per una notte*
– für zwei Tage	*– per due giorni*
– für eine Woche	*– per una settimana*
Ich habe ein Zimmer reserviert	*Ho prenotato una camera*
Wie viel kostet das Zimmer?	*Quanto costa (la camera)?*
– mit Frühstück	*– con prima (piccola) colazione*
– mit Halbpension	*– con mezza pensione*
Kann ich das Zimmer sehen?	*Posso vedere la camera?*
Ich nehme das Zimmer	*Sì, la prendo*
Kann ich mit Kreditkarte zahlen?	*Posso pagare con la carta di credito?*
Haben Sie noch Platz für ein Zelt/einen Wohnwagen?	*C'è ancora posto per una tenda/una roulotte?*
Gibt es einen Safe?	*C'è una cassaforte?*
Ich muss mich über ... beschweren	*Devo reclamare*
funktioniert nicht	*non funziona*

Restaurant

Die Speisekarte bitte	*La lista delle vivande (il menu), per favore*
Die Rechnung bitte	*Il conto, per favore*
Ich hätte gern einen Kaffee/ Milchkaffee	*Vorrei un caffè/ caffè latte*
Wo finde ich die Toiletten? (Damen/ Herren)	*Dove trovo i gabinetti? (Signore/Signori)*
Kellner	*cameriere*
Frühstück	*prima (piccola) colazione*
Mittagessen	*colazione (pranzo)*
Abendessen	*cena*

Einkaufen

Wo gibt es ...?	*Dov'è ...?*
Haben Sie ...?	*Lei ha ...?*
Wie viel kostet ...?	*Quanto costa ...?*
Das ist zu teuer	*Costa troppo*
Geben Sie mir bitte 100 g/ ein Pfund/ ein Kilo	*Per favore, mi dia un etto/ mezzo chilo/ un chilo*
Danke, das ist alles	*Grazie, è tutto*
Geöffnet/ geschlossen	*aperto/chiuso*
Bäckerei	*fornaio, panetteria, panificio*
Konditorei	*pasticceria*
Kaufhaus	*grande magazzino*
Markt	*mercato*
Metzgerei	*macelleria*
Haushaltswaren	*negozio di casalinghi*
Lebensmittel	*negozio (generi) di alimentari*
Fischgeschäft	*pescheria*
Obsthändler	*fruttivendolo*
Briefmarke(n)	*francobollo(i)*
für einen Brief/ Postkarte nach Deutschland/Österreich/in die Schweiz	*per una lettera/ cartolina per la Germania/ l'Austria/ la Svizzera*

Die wichtigsten kulinarischen Begriffe

A
abbacchio: Lamm
acciughe: Sardellen
aceto: Essig
aglio: Knoblauch
agnello: Lamm
agnolini: gefüllte Teigtaschen
alici: Sardinen
amaro: Magenbitter
anatra: Ente
aragosta: Languste
aranciata: Orangenlimonade
arrosto: gebraten, Braten
arrosto di vitello al latte: mit Speck
   gespicktes Kalbsgericht

B
bagna càuda: Sauce aus Butter,
   Knoblauch, Öl, Gewürzen
bagosso: Käse aus Kuhmilch
biscotto: Keks
bistecca: Beefsteak, Schnitzel
bistecca milanese: Wiener Schnitzel
bocconcini: Gulasch
bollito: gekochtes Fleisch
bracciola: Kotelett, Rippenstück
brasato: gespickter Rinderbraten
bressaola: luftgetrocknetes Rind-
   oder Gemsenfleisch
bruschetta: mit Öl und Knoblauch
   geröstetes Brot
burro: Butter
busecca: Kuttelsuppe mit Suppen-
   grün oder Bohnen

C
calamari: Tintenfisch
cannelloni: Teigröllchen aus dem
   Ofen
capperi: Kapern
caprese: Mozzarella und Tomaten
capretto al barolo: Ziegenfleisch in
   Barolowein
carciofi: Artischocken
carne: Fleisch
cassola: Eintopf mit Wirsing
ceci: Kichererbsen
cervello: Hirn
cinghiale: Wildschwein

cipolle ripiene di magro: pikant
   gefüllte Zwiebeln
coniglio: Kaninchen
cotoletta alla milanese: paniertes
   Kalbsschnitzel
crostata: Obsttorte

D
dolce: süß, Süßspeise
dolcetta: Feldsalat

E
erbe: Kräuter

F
fagiolini: grüne Bohnen
fegato: Leber
filetto: Filet
finocchio: Fenchel
formaggio: Käse
forno (al): im Ofen gebacken
fragola: Erdbeere
friarelli: neapolitanische Kohlart
fritto: gebacken, frittiert
fritto misto: gebackene Fische
frutta: Obst
frutta di mare: Meeresfrüchte
funghi porcini: Steinpilze
fusilli: kleine Schraubennudeln

G
gambero: Krebs
gelato: Speiseeis
ghiaccio: Eiswürfel
gnocchi: kleine Nockerl aus
   Kartoffelteig oder Grieß

I
imbottito: gefüllt mit
insalata di tartufi: dünne Pilz- und
   Trüffelscheiben mit Zitrone
insalata mista: gemischter Salat
involtini: kleine Rouladen

L
latte: Milch
lattuga: Kopfsalat
lenticchie: Linsen
limone: Zitrone

linguine: schmale Nudeln
lombata: Lendensteak

M

maiale: Schwein
mandorla: Mandel
manzo: Rindfleisch
mela: Apfel
melanzane: Auberginen
miele: Honig
migliacco: Grießkuchen
minestra: Suppe
minestrone: Gemüsesuppe
morbido: weich, mürbe
mozzarella di bufala: Mozzarella aus
  Büffelmilch

N

nasello: Seehecht
noce: Nuss

O

orecchiette: Öhrchennudeln
ossobuco: Kalbshaxe mit Gemüse
ostriche: Austern

P

paglia e fieno: Heu und Stroh, grüne
  und weiße Bandnudeln
pancetta: frischer durchwachsener
  Speck
pane: Brot
panino: Brötchen
panissa: typisches Reisgericht
panna: Sahne
parmigiana: Auberginenauflauf
parmigiano: Parmesankäse
pastiera: Osterkuchen aus Ricotta
  und Weizen
patate: Kartoffeln
pesce: Fisch
pesce spada: Schwertfisch
pesto alla genovese: Basilikumsauce
petto di pollo: Hühnerbrust
piatto del giorno: Tagesgericht
piselli: Erbsen
polenta: Maisbrei
polipo: Polyp
pollo: Hähnchen
porchetta: Spanferkel
prosciutto: Schinken
provola: geräucherter Weichkäse

R

ragù: Ragout, Fleischsauce
riso: Reis

S

salmone: Lachs
salsa finanziera: Sauce mit Trüffel-
  essenz
saltimbocca: Kalbsmedaillons mit
  Salbei
scaloppine: Schnitzelchen
seppie: Tintenfische
sogliola: Seezunge
spezzatino: Gulasch
spiedo, spiedino: Spieß
spinaci: Spinat
spremuta: frisch gepresster Saft
stracciatella: Bouillon mit Ei, auch
  Eis mit Schokosplittern
struffoli: ausgebackene Teigkügel-
  chen mit Honig
stufato: Rinderschmorbraten mit
  Kräutern

T

tacchino: Truthahn
tajarin: Bandnudeln mit Trüffel
tapulone: Schmorgericht mit mehreren Fleischsorten
tartufo: Trüffel, Trüffeleis
tè al limone: Tee mit Zitrone
tè con latte: Tee mit Milch
timballo: Nudelauflauf
tonno: Tunfisch
trifolato: getrüffelt
trippa alla romana: Kutteln
trota: Forelle

U

uliva: Olive
uovo: Ei
uovo strapazzato: Rührei
uva: Trauben

V

verdura: Gemüse
verza: Wirsing
vino bianco: Weißwein
vino di casa: Hauswein
vino rosso: Rotwein
vitello tonnato: Kalbfleisch in
  Tunfischsauce

Nützliche Adressen und Reiseservice

ANREISE

Mit dem Auto

Hat man über die Schweiz oder Österreich die nördliche Grenze Italiens erreicht, führen durchgehende Autobahnen bis zum Golf von Neapel. Die Autobahngebühren in Italien sind recht hoch: Für die Strecke **Chiasso–Neapel** zahlt man circa 50 €. Es empfiehlt sich daher, ausreichend Kleingeld dabeizuhaben oder direkt an der Nordgrenze Italiens eine **Viacard** zu kaufen, von der die Autobahngebühr automatisch abgebucht wird.

Mit dem Zug und weiter per Schiff

Es gibt nur wenig internationale Direktzüge an den Golf von Neapel. Meist muss man in Rom umsteigen. Von dort aus empfiehlt es sich in jedem Fall, einen **IC-Zug** oder den schnellen **Euro-Star-Zug** zu nehmen, da die »diretti« nicht nur sehr voll, sondern auch in Bezug auf die angegebene Fahrzeit sehr unzuverlässig sind. Die meisten IC-Züge kommen an dem kleinen Bahnhof **Mergellina** an, der noch aus der Jahrhundertwende stammt. Alle drei Bahnhöfe Neapels – die **Stazione Centrale** (Hauptbahnhof) an der Piazza Garibaldi, **Mergellina** und **Campi Flegrei** – sind miteinander durch die U-Bahn verbunden.

Mit dem Flugzeug

Neapels überraschend kleiner Flughafen **Capodichino** ist vom Frühjahr bis zum Herbst mit fast allen deutschen Flughäfen durch Charterflüge verbunden. Linienflüge verkehren ganzjährig zwischen Neapel und München. Die Flugdauer beträgt zwei Stunden.

Die Orientierung im Ankunftsflughafen ist einfach: Touristeninformation, Autoverleiher, Post und Bank und ein EC-Bankautomat befinden sich in der Ankunftshalle. Der »Alibus« fährt halbstündlich ins Zentrum (3 €).

Taxis

parken direkt vor dem Flughafen. Für die Fahrten in die Stadt wird zu dem angezeigten Tarif des Taxameters ein Zuschlag von 2,60 € erhoben.

Die Fahrt zu den Häfen **Molo Beverello**, Ausgangspunkt für Autofähren und Schnellboote, oder **Mer-**

gellina, von wo aus Tragflügelboote nach Sorrento, Ischia und Capri ablegen, kostet abhängig vom Verkehr zwischen 20 und 25 €.

Auf allen Schnellbooten und Tragflügelbooten muss für größere Gepäckstücke (zum Beispiel Koffer) ein zusätzliches Ticket gelöst werden, das circa 1 € kostet.

Flughafenauskunft Neapel
Tel. 0 81/7 89 61 11; www.gesac.it

Auskunft
In der ganzen Region gibt es in fast jedem Ort ein Touristeninformationsbüro (»ufficio informazione« oder »pro loco«). Diese Stellen versorgen Sie mit aktuellen Tipps für Veranstaltungen, Ratschlägen, Prospektmaterial und Hotelverzeichnissen.

Die Büros sind in der Hauptsaison – Ostern bis September – gut besetzt und zum Teil auch am Samstag und Sonntag geöffnet. Die Öffnungszeiten sind unterschiedlich und liegen zwischen 9 und 19 Uhr. Außerhalb der Saison sind die Büros oft nur am Vormittag während der Woche geöffnet. Die Aasct-Informationsbüros liefern einen besseren Service als die kommunalen Büros.

Wenn Sie sich bereits vor der Reise informieren wollen, können Sie sich z. B. wenden an:

E.N.I.T. (Staatliches Italienisches Fremdenverkehrsamt)
In Deutschland
– Friedrichstr. 187, 10117 Berlin;
  Tel. 0 30/2 47 83 98, Fax 2 47 83 99;
  www.enit.it

– Kaiserstr. 65; 60329 Frankfurt/Main;
  Tel. 0 69/23 74 34, Fax 23 28 94

– Lenbachplatz 2, 80333 München;
  Tel. 0 89/53 13 17, Fax 53 03 69

In Österreich
– Kärtnerring 4, 1010 Wien;
  Tel. 01/5 05 16 39, Fax 5 05 02 48

In der Schweiz
– Uraniastr. 32, 8001 Zürich;
  Tel. 0 43/4 66 40 40, Fax 4 66 40 41

Überall an der Amalfiküste auf Fassaden und in Innenräumen zu sehen: bunte Keramikfliesen aus der Töpferhochburg Vietri sul Mare (→ S. 68).

BEVÖLKERUNG

Fast 4 Millionen Menschen leben rund um den Golf von Neapel. Betrachtet man allein die Stadt Neapel, so wohnen dort 1,2 Millionen Personen auf einer Fläche von 117,3 km^2. Dies sind mit mehr als 10 200 Menschen pro km^2 fünfmal mehr als in Rom, daher findet man kaum Ruhe oder ein gemütliches Plätzchen in dieser überschäumenden Stadt. Obwohl fast jeder Vierte in der Region arbeitslos ist, überraschen die rege Geschäftigkeit und der Einfallsreichtum, mit dem die Menschen sich in ihrer eher schwierigen Situation arrangieren, um von einem zum anderen Tag zu überleben. Das beneidenswerte »dolce far niente« ist allerdings eher den Feriengästen gegönnt.

BUCHTIPP

Der Autor Dieter Richter hat mit dem Buch »Neapel – Biographie einer Stadt« (Wagenbach 2005) ein anschauliches Porträt Neapels geliefert. Sein neues Buch »Der Vesuv« (Wagenbach 2007) ist ebenfalls sehr zu empfehlen für alle Besucher, die mehr über die Region und ihre Bewohner erfahren wollen.

DIEBSTAHL

Mit einigen Vorsichtsmaßnahmen kann man auch das für seine Kleinkriminalität so berüchtigte Neapel ohne anschließenden Ärger besuchen. Verzichten Sie beim Stadtbummel auf Handtaschen, Goldschmuck und ein Portemonnaie in der Gesäßtasche. In den späten Abendstunden und nachts sollten Sie auf Spaziergänge verzichten und lieber mit einem Taxi ins Hotel zurückkehren. Im Auto sollten Sie niemals Taschen oder Wertgegenstände offen herumliegen. Sollte dennoch etwas passieren, so kann man gestohlene Wertgegenstände oder ein Fahrzeug (Letzteres muss man melden, um nicht selbst haftbar gemacht zu werden) bei der nächsten Carabinieri-Dienststelle an-

---

MERIAN-Tipp

⭐🔟 Fähre nach Ischia oder Procida

Falls Sie einen Abstecher auf diese beiden wunderschönen Inseln unternehmen wollen, setzen Sie am besten vom Molo Beverello in Neapel mit einer Fähre (»traghetto«) über. Die Fahrt ist nicht nur um die Hälfte billiger als mit dem Schnellboot (»Linea Jet«), sondern bietet gleichzeitig Ausblicke auf die grüne Küste des Hügelzugs Posillipo. Am gleichnamigen Kap liegt die Villa Roseberry, die neapolitanische Residenz des italienischen Präsidenten. Man blickt auf das Inselchen Nisida, und weiter geht's vorbei am Golf von Pozzuoli, dem Capo Miseno und dem Monte di Procida.

---

zeigen. Für Neapel ist die Questura zuständig, die in solchen Fällen auch Dolmetscher beschäftigt.

Via Medina 75; Tel. 0 81/7 94 11 11

Bei einem gestohlenen Fahrzeug wenden Sie sich dagegen an das **Comando dei Vigili Urbani**.

Tel. für Neapel 0 81/20 47 72

DIPLOMATISCHE VERTRETUNGEN

Deutsches Generalkonsulat Neapel

····⋙ Umschlagkarte hinten, a 6

Via Crispi 69, 80100 Napoli;

Tel. 0 81/2 48 85 11, Fax 7 61 46 87

Österreichisches Konsulat

····⋙ Umschlagkarte hinten, e 2

Corso Umberto I 275, 80100 Napoli;

Tel./Fax 0 81/28 77 24

Schweizer Generalkonsulat

····⋙ Umschlagkarte hinten, a 6

Via dei Mille 16, 80121 Napoli;

Tel. 0 81/4 10 70 46, Fax 40 09 47

EINTRITTSPREISE

Der Eintritt in staatliche Museen und Ausgrabungsstätten ist für EU-Bürger unter 18 und über 65 Jahre frei. Einen ermäßigten Eintritt bis zu 50 % erhalten dort – in fast allen Einrichtungen – auch EU-Bürger zwischen 18 und 25 Jahren. Deshalb unbedingt den Aushang der Eintrittspreise lesen und beim Kartenkauf einen Ausweis vorlegen. Bei Sonderausstellungen und privaten Institutionen gilt diese Regelung nicht. Jedoch gibt es auch hier oft Ermäßigungen für Schüler und Studenten.

Campania artecard

Mit dieser Karte erhält man freien Eintritt in zwei Museen oder Ausgrabungsstätten (Campi Flegrei eingeschlossen) und 50 % Ermäßigung in den übrigen. Außerdem ermöglicht sie kostenlose Benutzung der öffentlichen Verkehrsmittel.
Die Karte ist 3 Tage gültig und kostet für Neapel 13 € (Jugendliche 8 €) bzw. für ganz Kampanien 25 € (Jugendliche 18 €). Am Flughafen, an Bahnhöfen, in U-Bahn-Stationen, Museen und Hotels erhältlich. Info: www.campaniaartecard.it

FEIERTAGE UND FERIEN

1. Jan.	Neujahr/Capodanno
6. Jan.	Heilige Drei Könige/ Epifania
Ostermontag	
25. April	Tag der Befreiung vom Faschismus/ La Resistenza
1. Mai	Tag der Arbeit
2. Juni	Tag der Republik
15. Aug.	Mariä Himmelfahrt/ Ferragosto; wichtigster Ferientag, an dem alle Italiener zu den Stränden und Ausflugsorten ziehen.
19. Sept.	San Gennaro, lokaler Feiertag in Neapel
1. Nov.	Allerheiligen/Tutti i Santi
8. Dez.	Mariä Empfängnis/ L'Immacolata
25. Dez.	Weihnachten/Natale
26. Dez.	Santo Stefano

GELD

Seit 1. Januar 2002 können Sie auch in Italien mit Euro bezahlen.

INTERNET

Wer Italienisch kann, findet im Netz auch mit der Suchmaschine sehr viel Information. Die Touristenzentren veröffentlichen ihre Webseiten in mehreren Sprachen:
www.giracostiera.com
www.portanapoli.com
www.provincia.salerno.it

KLEIDUNG

Leichte und luftige Kleidung und eine Jacke für den Abend empfehlen sich für die heißen Sommermonate. Auch eine Kopfbedeckung sollte nicht fehlen. Trotz hoher Temperaturen wird man – ganz anders als im nördlichen Europa – Männer mit kurzen Hosen und Sandalen in den Städten kaum sehen. Im Frühjahr und Herbst sollte sich im Reisegepäck neben wärmerer Kleidung auch ein Schirm befinden. Gute, feste Schuhe sind für Wanderungen genauso wichtig wie für Stadtspaziergänge.

Nebenkosten in Euro

1 Tasse Espresso	ab 0,80
1 Bier (Flasche)	2,00–4,00
1 Cola	ca. 2,50
1 Brot	2,50
1 Schachtel Zigaretten	4,10
(italienische)	3,40
1 Liter Benzin	ab 1,40
Fahrt mit öffentl. Verkehrsmitteln (Einzelfahrt)	1,00
Mietwagen/Tag	ab 40

Mit dem Bus reist man hier bequem und zuverlässig. Das Busliniensystem funktioniert trotz oftmals enger Serpentinen perfekt.

MEDIZINISCHE VERSORGUNG
In den öffentlichen Krankenhäusern ist die ambulante Versorgung kostenlos. Man sollte allerdings den internationalen Krankenschein vorlegen. Bei Ärzten und Privatkliniken ist die Behandlung kostenpflichtig.

NOTRUF
Carabinieri Tel. 1 12
Polizei Tel. 1 13
Feuerwehr Tel. 1 15
Pannendienst ACI Tel. 1 16
ADAC Notrufstation Rom
Tel. 06/4 44 04 04

ÖFFNUNGSZEITEN
Bei Museen und Sehenswürdigkeiten sollte man auf die Angaben in den Tageszeitungen achten, da sie von der Saison und verschiedenen Unwägbarkeiten abhängig sind. Die Kernzeiten für die Touristeninformationsbüros sind im Sommer 9–13 und 15–19 Uhr. Im Winter sind sie meist nur vormittags geöffnet.

Archäologische Stätten sind gewöhnlich von 9 Uhr bis eine Stunde vor Sonnenuntergang geöffnet.

Banken haben in der Regel nur werktags von 8.30 bis 13 Uhr geöffnet. Die Öffnungszeiten am Nachmittag variieren von Bank zu Bank.

POST
Öffnungszeiten sind in der Regel von Montag bis Samstag von 8.15 bis 13.30 Uhr. Am Nachmittag variabel.

REISEDOKUMENTE
Für Angehörige der EU genügt zur Einreise der Personalausweis. Wer mit dem Auto anreist, sollte die grüne Versicherungskarte mitnehmen.

REISEKNIGGE
Wenn der »servizio« nicht im Preis inbegriffen ist, ist es in Restaurants üblich, etwa 10 % auf die Rechnung aufzuschlagen. Kleinere Dienste kann man durch Aufrundung des Betrags honorieren. Dem Zimmermädchen hinterlässt man eher wöchentlich einen kleinen Betrag (Faustregel: pro Woche 2,60 bis 5,20 €). **Fotografieren** ohne Stativ ist, wenn nicht anders beschildert, überall möglich. **Haustiere** sind im Süden nur sehr selten willkommen. Man sollte sich immer vorher im Hotel erkundigen.

Reisewetter

Von April bis Oktober herrscht ideales Reisewetter, wenn man den italienischen Urlaubsmonat August ausschließt. In diesem Monat sollte man die Hitze, Ausgrabungsstätten und die überfüllten Urlaubsorte lieber meiden. Die durchschnittlichen 72 Regentage im Jahr konzentrieren sich auf die Wintermonate.

Sprache

Abseits der touristischen Zentren – hier wird in der Regel Deutsch oder Englisch gesprochen – ist eine Portion italienischer Redewendungen vonnöten, um sich einigermaßen verständigen zu können.

Stromspannung

Fast überall 220 Volt Wechselstrom. In Haushaltsgeschäften findet man Adapter, »spina di adattamento«, für die in Italien oft abweichenden, älteren Steckdosen.

Telefon

Öffentliche Telefone findet man in Bars und auf der Straße. Es empfiehlt sich der Kauf einer Telefonkarte zu

5 € (erhältlich in Tabakläden). Die Vorwahl der Provinz Neapel 0 81 muss – wie bei Auslandsgesprächen – auch bei Ortsgesprächen immer gewählt werden.

Mobilnetze: TIM, OMNITEL, WIN

Vorwahlen

I → D: 00 49
I → A: 00 43
I → CH: 00 41
A, D, CH → I: 00 39

Verkehrsverbindungen

Auto

Feriengäste mit eigenem Wagen dürfen auch im Sommer, im Gegensatz zu den Bewohnern Kampaniens, auf die Inseln übersetzen. Neapel sollte man jedoch besser zu Fuß entdecken und sein Auto in der Hotelgarage oder an dem zentral gelegenen, bewachten Parkplatz am **Molo Beverello** abstellen.

Leihwagen

Mietwagen und Motorroller kann man am Flughafen und in den meisten Ferienorten bekommen.

Entfernungen (in km) zwischen wichtigen Orten

	Amalfi	Aversa	Caserta	Cuma	Ercolano	Neapel	Pompeji	Pozzuoli	Salerno	Sorrento
Amalfi	–	85	100	90	56	69	39	84	25	41
Aversa	85	–	19	26	32	17	45	25	74	67
Caserta	100	19	–	45	36	20	62	44	90	80
Cuma	90	26	45	–	30	18	49	6	78	71
Ercolano	56	32	36	30	–	9	10	25	45	40
Neapel	69	17	20	18	9	–	28	15	57	50
Pompeji	39	45	62	49	10	28	–	43	29	28
Pozzuoli	84	25	44	6	25	15	43	–	72	65
Salerno	25	74	90	78	45	57	29	72	–	66
Sorrento	41	67	80	71	40	50	28	65	66	–

Augenschmaus und Gaumenfreude: Heimische Schnäpse und Liköre in dekorativen Flaschen sind beliebte Souvenirs.

Öffentliche Verkehrsmittel

Die Inseln sind durch gut funktionierende Buslinien erschlossen.

Die **Circumvesuviana** führt vom Hauptbahnhof an der Piazza Garibaldi um den Vesuv herum. Alle zehn bis zwanzig Minuten fährt eine der beiden Linien über Pompeji, Ercolano und Castellammare in circa einer Stunde nach Sorrento. Die lokale Zuglinie **Cumana**, am Bahnhof Cumana an der Piazza Montesanto in der Innenstadt, verbindet im Zehn-Minuten-Takt Neapel mit Pozzuoli, Baia, Cuma und Torregaveta.

Das Metrosystem der Stadt Neapel besteht aus zwei Linien und gehört zu den schnellsten Verkehrsmitteln der Stadt. Die Linie 1 fährt – zu den Hauptzeiten im 6-Minuten-Takt – von der Piazza Dante bis in den Vorort Piscinola. Sie wird zurzeit noch weiter ausgebaut. Die Linie 2 beginnt am Hauptbahnhof und fährt im 8-Minuten-Takt nach Pozzuoli.

Eine Reihe privater und staatlicher Autobuslinien verbindet Neapel mit dem Umland. Hier sind besonders die blauen Überlandbusse (**SITA**) interessant. Sie verkehren zwischen Neapel und Salerno und schließen die malerischen Orte der amalfitanischen Küste mit ein. Abfahrtsort und Fahrkartenschalter im Hafengebiet, varco Immacolatella; Tel. 0 81/7 52 73 37; www.sitabus.it; Haltestelle auch an der Piazza Garibaldi.

Seilbahn

Um auf den Hügel Vomero zu gelangen, stehen drei Standseilbahnen, Funicolari, zur Verfügung: Sie heißen Funicolare di Montesanto, di Chiaia und Funicolare di Centrale.

Schiffe und Fähren

Zwischen dem Molo Beverello in Neapel und Sorrento, Positano, Amalfi sowie den Inseln Ischia, Procida und Capri verkehren von den frühen Morgenstunden an bis etwa gegen 21 Uhr »traghetti«, Fähren, und Schnellboote (»Linea Jet«). Die schnellen »aliscafi«, Tragflügelboote, fahren vom Hafen in Mergellina ab. Von Pozzuoli aus setzen ebenfalls Fähren über zu den Inseln Ischia und Procida.

Sechs Meeres-Bootslinien (Metrò del Mare) sorgen von Ostern bis Ende September für schnelle Schiffsverbindungen zwischen den wichtigsten Küstenorten in Kampanien.
Info: www.metrodelmare.com oder www.unicocampania.it

Zoll

Mengenmäßige Ein- und Ausfuhrbeschränkungen für Tabak, Alkohol etc. gibt es in der EU nicht mehr, sofern die Waren ausschließlich für den Privatgebrauch bestimmt sind.

Für Schweizer sowie für den Duty-free-Einkauf gelten folgende Mengenbeschränkungen: 200 Zigaretten oder 100 Zigarillos oder 50 Zigarren oder 250 g Tabak; 1 l Spirituosen oder 2 l Likör und 2 l Wein; 50 g Parfüm oder 0,25 l Eau de Toilette.

Weitere Auskünfte erhalten Sie unter www.zoll.de, www.bmf.gv.at/zoll und www.zoll.ch.

Kartenatlas

Orientierung leicht gemacht: mit Planquadraten und allen Orten und Sehenswürdigkeiten.

Legende

Routen und Touren

○━▶━●	Costiera Amalfitana (S. 94)
○━▶━●	In der Umgebung von Caserta (S. 95)
○━▶━●	Fahrt durch die Monti Lattari (S. 97)
○━▶━●	Von S. Maria Capua Vetere nach S. Angelo in Formis (S. 98)

Sehenswürdigkeiten

10	MERIAN-TopTen
10	MERIAN-Tipp
▢	Sehenswürdigkeit, öffentl. Gebäude
✳	Sehenswürdigkeit Kultur
✳	Sehenswürdigkeit Natur
♁ ♁	Kirche; Kloster
🏰	Schloss, Burg; Ruine
☪ ✡	Moschee; Synagoge

Sehenswürdigkeiten ff.

🏛 ⚱	Museum; Denkmal
🗼	Leuchtturm
🌀	Windmühle

Verkehr

▬▬▬	Autobahn
▬▬▬	Autobahnähnliche Straße
▬▬▬	Fernverkehrsstraße
▬▬▬	Hauptstraße
▬▬▬	Nebenstraße
▭▭▭	Unbefestigte Straße, Weg
▱	Fußgängerzone
P	Parkmöglichkeit
B H	Busbahnhof; Bushaltestelle

Verkehr ff.

Ⓜ	Metro
FS	Bahnhof
⚓	Schiffsanleger
✈	Flughafen
⊕	Flugplatz

Sonstiges

i	Information
🎭	Theater
🛒	Markt
🐘	Zoo
▣	Botschaft, Konsulat
☀	Aussichtspunkt
✝ ✝ ✝	Friedhof
▭	National-, Naturparkgrenze

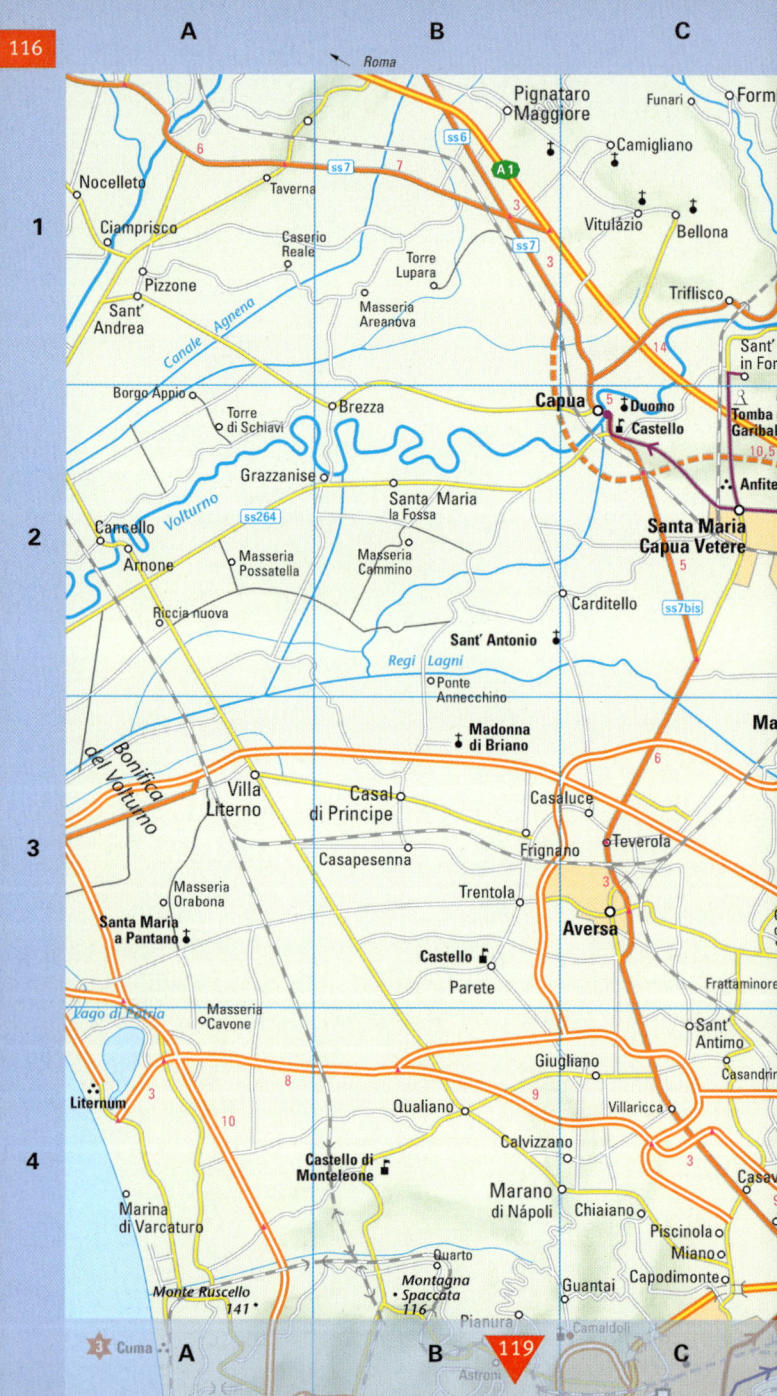

A B C

Roma

Pignataro Maggiore
Funari Form
Camigliano
ss6
A 1
Nocelleto
6
Taverna
ss 7 7
3
Vitulázio Bellona
1
Ciamprisco
Caserio Reale
Torre Lupara
ss 7
3
Pizzone
Masseria Areanova
Triflisco
Sant' Andrea
Canale Agnena
Sant' in For
Borgo Appio
14
Torre di Schiavi
Brezza
Capua
5 Duomo
Tomba Garibal
Castello
10,5
Grazzanise
Santa Maria la Fossa
Anfite
2
Cancello
Volturno
ss264
Masseria Cammino
Santa Maria Capua Vetere
Arnone
Masseria Possatella
5
Riccia nuova
Carditello
ss7bis
Regi Lagni
Sant' Antonio
Ponte Annecchino
Madonna di Briano
Ma
Bonifica del Volturno
Villa Liternio
Casal di Principe
Casaluce
6
3
Casapesenna
Frignano
Teverola
3
Trentola
Masseria Orabona
Aversa
Santa Maria a Pantano
Castello
Parete
Frattaminore
Vago di Patria
Masseria Cavone
Sant' Antimo
Casandrin
Giugliano
8
9
Liternum
3
Qualiano
Villaricca
10
Calvizzano
3
Casav
4
Castello di Monteleone
Marano di Nápoli
Chiaiano
Casav
Marina di Varcaturo
Piscinola
Miano
Quarto
Capodimonte
Guantai
Monte Ruscello 141
Montagna Spaccata 116
Pianura
Camaldoli
Cuma A
B
119
Astroni
C

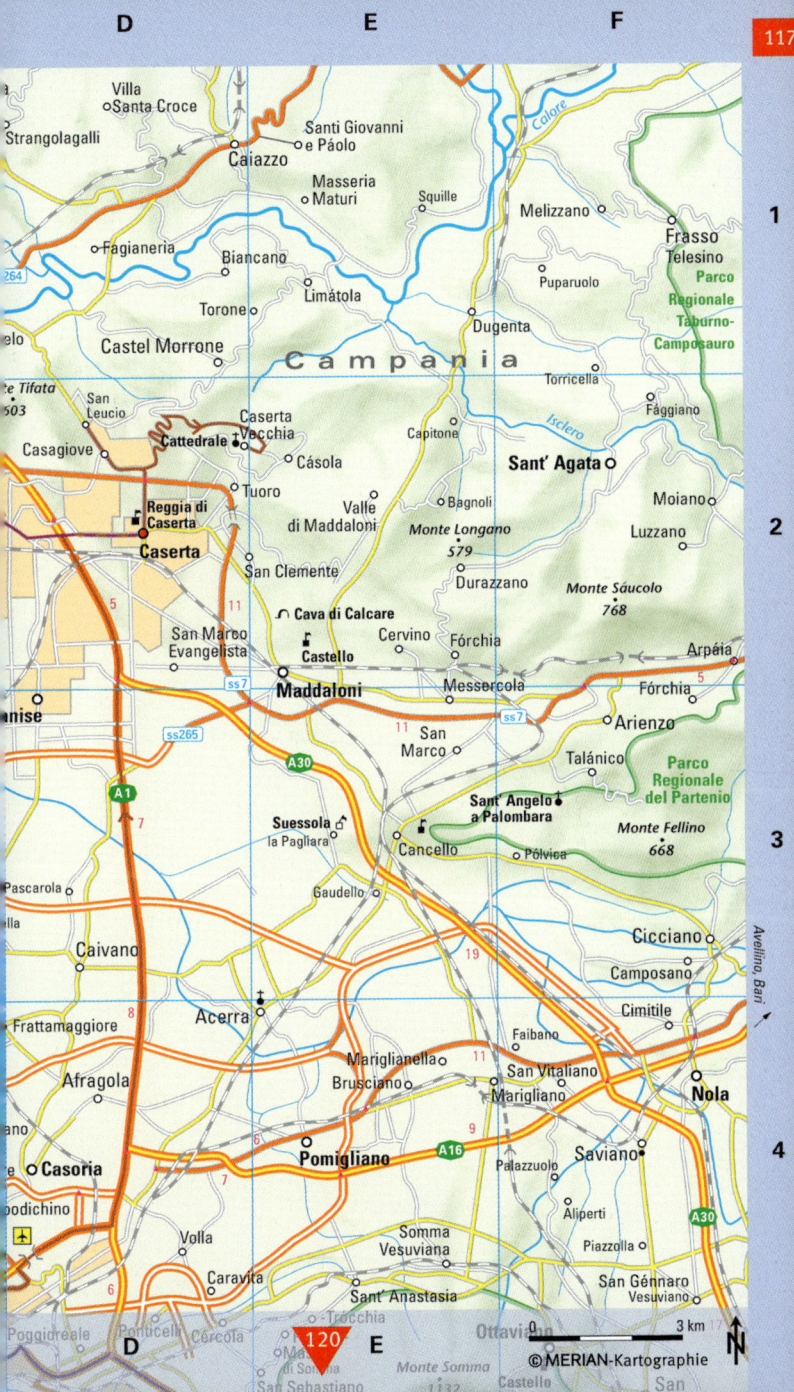

Villa
Santa Croce
Strangolagalli
Santi Giovanni
e Páolo
Caiazzo
Masseria
Maturi
Squille
Melizzano
Frasso
Telesino
Parco
Regionale
Taburno-
Camposauro
Fagianeria
Biancano
Puparuolo
264
Torone
Limátola
Dugenta
Castel Morrone
C a m p a n i a
Torricella
e Tifata
503
San
Leucio
Caserta
Vecchia
Isclero
Fággiano
Casagiove
Cattedrale
Cásola
Capitone
Sant' Agata
Reggia di
Caserta
Tuoro
Bagnoli
Moiano
Caserta
Valle
di Maddaloni
Monte Longano
579
Luzzano
San Clemente
Durazzano
Monte Sáucolo
768
Cava di Calcare
Cervino
Fórchia
Arpáia
San Marco
Evangelista
Castello
Messercola
Fórchia
Maddaloni
Arienzo
San
Marco
Talánico
Parco
Regionale
del Partenio
A30
Sant' Angelo
a Palombara
Monte Fellino
668
A1
Suessola
la Pagliara
Cancello
Pólvica
Pascarola
Gaudello
Cicciano
Camposano
Caivano
Cimitile
Frattamaggiore
Acerra
Mariglianella
Brusciano
Faibano
San Vitaliano
Marigliano
Nola
Afragola
Pomigliano
A16
Palazzuolo
Saviano
A30
Casoria
Aliperti
Piazzolla
odichino
Volla
Somma
Vesuviana
San Génnaro
Vesuviano
Caravita
Sant' Anastasia
Poggioreale
Trócchia
Córcola
120
Ottaviani
3 km
©MERIAN-Kartographie
Monte
di Somma
Monte Somma
1132
Castello
del Principe
San Sebastiano

A   B   C

5

Monte Ruscello
141°

3 Cuma

Lago d'Averno

Lago de Fusaro

Torregaveta

Baia

Bacc

Monte di Procida

Spiaggia di Miliscola

Mis

Punta Cornacchia

Lacco Ameno

Casamicciola Terme

8

Capo Bove

Procida 9

Lido di Procida

9

3

Vivara

Procida

6

Forio

Monte Epomeo
788

Ischia

Ischia

Punta Solchiaro

Spiaggia di Citara

Serrara Fontana

Piedimonte

8

Barano

Ischia

Punta Imperatore

Sant' Angelo

Punta San Pancrázio

Capo Negro

Lido dei Maronti

7

Ventotene, Ponza

T y r r h e n i s c h e s

8

M e e r

Porto-Vecchio

Palau

Cagliari

Palermo, Tunis

I. Eólie

A   B   C

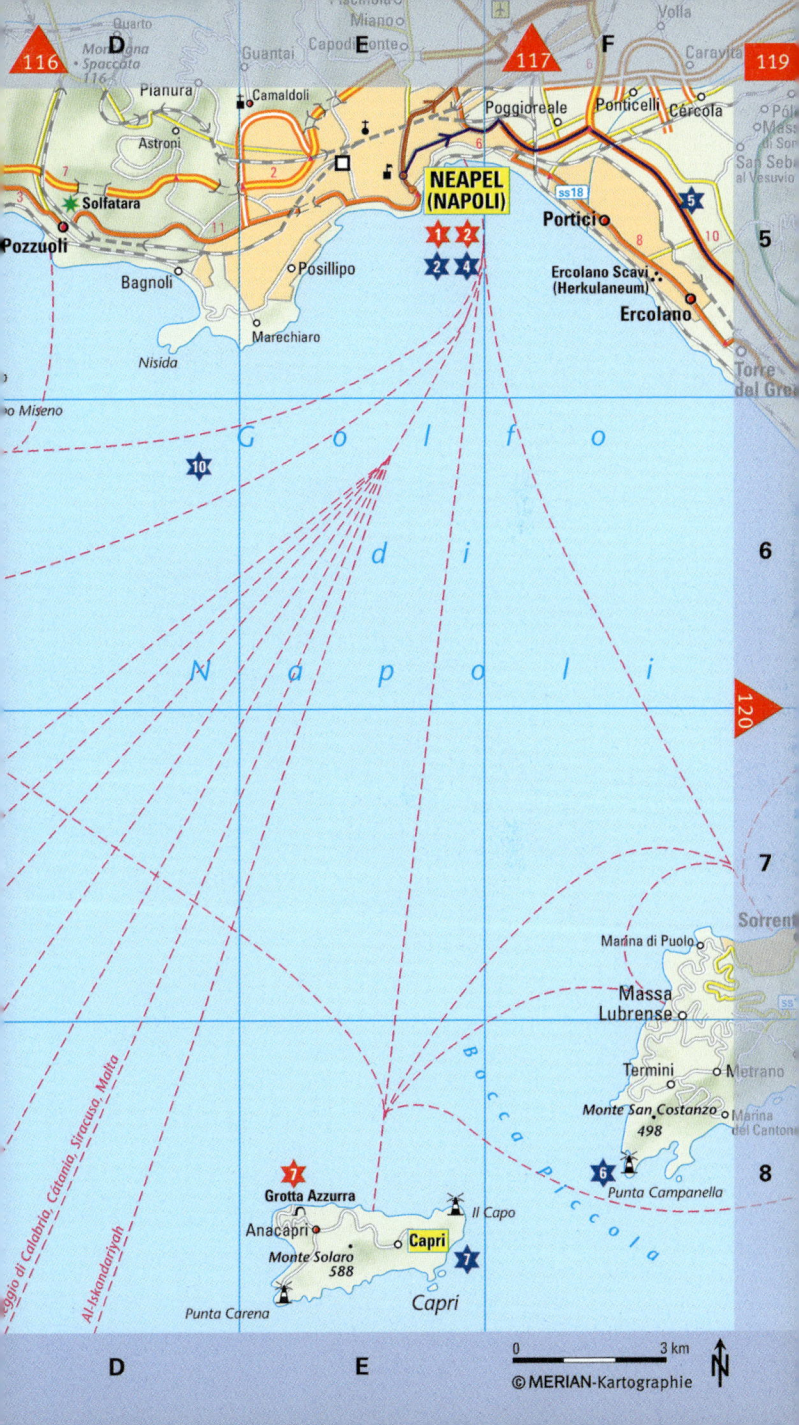

Moschiano

Areno del Sábato

di Serino

D

E

Contrada

F

Quindici

Forino

Castello

Canale

Serino

Sala

vano

Banzano

Ribóttoli

Montoro

San Pietro

Solofra

Parco

9

Casale

Bracigliano

10

Torchiati

Aterrana

Siano

Ciorani

ss88

Piazza di Pandola

Regionale

Monte Mai 1607

Castel San Giórgio

Pandola

San Michele di Basso

Mercato

Villa

Capo Calvánico

dei Monti

aina

5

10

ate

Fisciano

Picentini

Acquarola

Penta

Spiano

Galano

Monte Monna 1196

Nocera Inferiore

Nocera Superiore

Baronissio

Fusara

Castiglione del Genovesi

Vignale

10

San Clemente

9

Aiello

Monte Stella 951

San Martino

7

Pellezzano

San Mango Piemonte

Pezzano

i

Annunziata

Capezzano

Ogliara

Filetta

Cava de' Tirreni

10

Castello de Arechi

Piegolelle

11

Abbazia della Trinità

Dragonea

Casale

la Cappella

Potenza, Reggio di Calábria

terio

Raito

Vietri sul Mare

SALERNO

Castello Vernieri

ca

Monte dell' Avvocata 1014

Pontecagnano

11

ori

Maiori

Cetara

ss163

Capo d'Orso

Magazzeno

m a l f i t a n a

La Picciola

Paestum

G o l f o

d i

Spineta Nuova

10

12

S a l e r n o

0   3 km

D

E

© MERIAN-Kartographie

N

Zeichenerklärung
○ Orte
△ Kap, Insel
▲ Gebirge
~ Gewässer, Strand
★ Sehenswürdigkeit
☆ Nationalpark

Hier finden Sie alphabetisch aufgeführt alle in diesem Band beschriebenen Orte und Ziele, Routen und Touren. Bei einzelnen Sehenswürdigkeiten steht jeweils der dazugehörige Ort in Klammern, bei Hotels steht zusätzlich die Abkürzung H für Hotel. Außerdem enthält das Register wichtige Stichworte sowie alle MERIAN-TopTen und MERIAN-Tipps dieses Reiseführers. Wird ein Begriff mehrfach aufgeführt, verweist die **fett** gedruckte Zahl auf die Hauptnennung im Band, eine *kursive* Zahl verweist auf ein Foto.

Liebe Leserinnen und Leser,
wir freuen uns, Ihre Meinung zu diesem Reiseführer zu erfahren. Bitte schreiben Sie uns, wenn Sie Berichtigungen und Ergänzungsvorschläge haben oder wenn Ihnen etwas besonders gut gefällt:

TRAVEL HOUSE MEDIA GmbH, Postfach 86 03 66, 81630 München
E-Mail: merian-live@travel-house-media.de Internet: www.merian.de

DIE AUTORIN
Carola Käther, Jahrgang 1962, studierte Germanistik und Italianistik, lebt und arbeitet seit 1990 in Neapel. Unterrichtet an der renommierten Universität »Istituto Universitario Orientale«. Autorin verschiedener Reiseführer über den Golf von Neapel.

**Bei Interesse an Karten
aus MERIAN-Reiseführern
wenden Sie sich bitte an:**
iPUBLISH GmbH, geomatics
E-Mail: geomatics@ipublish.de

**Bei Interesse an Anzeigenschaltung
wenden Sie sich bitte an:**
KV Kommunalverlag GmbH & Co KG
MediaCenterMünchen
Tel. 0 89 – 92 80 96 – 44
E-Mail: winzer@kommunal-verlag.de

FOTOS
Titelbild: Ravello, Villa Rufolo
(Franz Marc Frei);
Alle Fotos von Ogando/laif außer: H. Arndt 80, 88; R. Celentano/laif 90/91, 100/101; F. M. Frei 11, 12/13, 14, 18, 22, 32, 34/35, 40, 60, 63, 64, 69, 93, 94, 99, 109; R. Hackenberg 10, 16/17, 48, 56, 67; H. Hartmann 28, 39, 68, 70, 75, 87; Jahreszeiten Verlag 112; Th. Stankiewicz 9, 54, 96; M. Thomas 6, 23

PROGRAMMLEITUNG
Dr. Stefan Rieß
REDAKTION
Simone Riedle
LEKTORAT
Fritz Jensen
GESTALTUNG
wieschendorf.design, Berlin
KARTEN
MERIAN-Kartographie
SATZ
h3a GmbH, München
DRUCK UND BINDUNG
Polygraf Print, Slowakei
GEDRUCKT AUF
Eurobulk Papier von der Papier Union

2., unveränderte Auflage

Ein Unternehmen der
GANSKE VERLAGSGRUPPE

Amalfiküste
und Golf von Neapel

MERIAN-Tipps
Tipps und Empfehlungen für Kenner und Individualisten

1 Villa Lara
Exklusives Bed & Breakfast in Amalfi. Idealer Ausgangspunkt, um Küste und Hinterland zu erkunden (→ S. 15).

2 La stanza del gusto
Hier wird neapolitanische Küche fantasievoll neu interpretiert (→ S. 19).

3 Segeltörn ab Procida
Auch für Nichtsegler möglich, denn der Skipper ist bereits an Bord (→ S. 29).

4 Napoli Sotterranea
Durch das ehemalige Zisternensystem von Neapel werden Führungen veranstaltet (→ S. 37).

5 Ville Vesuviane
Prachtvolle spätbarocke Luxusresidenzen am Fuß des Vesuv aus der Zeit der Bourbonenherrschaft, unter ihnen die besonders schöne Villa Campolieto (→ S. 55).

6 Punta Campanella
Ein reizvoller Spaziergang durch Ginster und Myrten führt zu dieser Aussichtsterrasse bei Sorrento (→ S. 66).

7 Badeabenteuer auf Capri
Einen Tag lang mit dem Boot die Grotten und Buchten an der spektakulären Steilküste der Insel entdecken (→ S. 71).

8 La Mortella
Bezaubernder Traumgarten auf Ischia, der zur Villa des englischen Komponisten Sir William Walton gehört (→ S. 82).

9 Karfreitagsprozession auf der Insel Procida
Eine der eindrucksvollsten Prozessionen am Golf von Neapel (→ S. 86).

10 Fähre nach Ischia oder Procida
Vom Molo Beverello in Neapel aus führt die romantische Fahrt am herrlichen Hügelzug von Posillipo vorbei (→ S. 110).

←--- MERIAN-TopTen
finden Sie auf Seite 1